Indhol<

Hold op med at tænke for meget.

Ryd op i dit sind, stop alle negative spiraler om dig,
og brug særlige teknikker til at stoppe overtænkning

Felix Børge

© Copyright - Alle rettigheder forbeholdes.

Introduktion

"Stop Overthinking" er en omfattende guide, der tilbyder særlige teknikker til at stoppe overtænkning, rydde op i sindet og bryde fri af negative spiraler. Med 11 kapitler på højeste niveau og mange afsnit udforsker denne bog overtænkningens indvirkning på den mentale sundhed, giver strategier til at udfordre negative tanker og tilbyder mindfulness og kognitive adfærdsteknikker. Den går i dybden med at rydde op i sindet, bryde den negative spiral, overvinde selvtillid og perfektionisme og strategier for effektiv beslutningstagning.

Derudover dækker den dyrkning af et vækstmindset, håndtering af stress og angst, forbedring af fokus og koncentration og dyrkning af mindfulness i hverdagen. Bogen lægger også vægt på at opbygge modstandskraft, følelsesmæssigt velvære og fastholde positive forandringer. Med praktiske råd og indsigter giver "Overthinking" læserne mulighed for at genvinde kontrollen over deres tanker, finde ro i sindet og leve et mere afbalanceret og tilfredsstillende liv.

Kapitel 1: Særlige teknikker til at stoppe overtænkning

I dette kapitel vil vi diskutere teknikker, der kan hjælpe dig med at stoppe overtænkning og genvinde kontrollen over dine tanker. Overtænkning kan være en invaliderende vane, der hæmmer din evne til at træffe beslutninger, forårsager uberettiget stress og angst og forhindrer dig i at værdsætte nuet fuldt ud. Ved at forstå overtænkningens natur og dens effekt på den mentale sundhed vil du blive udstyret med den viden og de værktøjer, der er nødvendige for at udfordre negative tanker, praktisere mindfulness og anvende kognitive adfærdsteknikker.

Ved at bruge disse teknikker vil du kunne bryde den onde cirkel af overdreven grublen og opdyrke et mere roligt og afbalanceret sind.

Lad os derfor dykke ned i det og opdage de strategier, der gør det muligt for dig at overvinde overtænkning og omfavne en mere opmærksom livsstil.

1.1 Forståelse af overtænkning

Mange mennesker kæmper med den udbredte vane at tænke for meget. Det indebærer konstant analyse og overanalyse af situationer, begivenheder og tanker, og det ledsages ofte af overdreven angst og stress. At forstå overtænkning er det første skridt i retning af at finde effektive teknikker til at forebygge det.

Overtænkning er i bund og grund kendetegnet ved en gentagen cyklus af negative tanker og overdreven grublen. Det er typisk drevet af angst, usikkerhed og et ønske om kontrol. Overthinkers har en tendens til at være besat af fortiden, bekymre sig overdrevent om fremtiden og kæmpe for at eksistere i nuet.

Den mentale sundhed kan påvirkes negativt af overdreven tankevirksomhed. Det kan forårsage øget angst, depression og følelser af overvældelse. Det kan også forringe beslutningstagningen, produktiviteten og trivslen som helhed. Anerkendelse af de negative konsekvenser af overtænkning er afgørende for at motivere folk til at finde løsninger på problemet.

At genkende tegn og symptomer på overtænkning er en afgørende del af forståelsen af tilstanden. Overtænkere oplever ofte hektiske tanker, søvnløshed, konstant angst og en følelse af mental udmattelse.

De kan også engagere sig i gentagen adfærd, såsom at søge konstant beroligelse eller information for at reducere deres angst.

Et andet vigtigt aspekt ved at forstå overtænkning er at udfordre negative tanker. Katastrofetænkning og forestillinger om det værst tænkelige scenarie er et almindeligt træk hos overtænkere. De kan også engagere sig i sort-hvid-tænkning, hvor de ser tingene som enten fejlfri eller en komplet fiasko. At lære at genkende og udfordre disse negative tankemønstre er afgørende for at bryde cirklen af overdreven grublen.

Mindfulness spiller en afgørende rolle i at genkende og behandle overdreven grublen. Personer, der praktiserer mindfulness, kan lære at observere deres tanker uden at dømme og opdyrke en følelse af tilstedeværelse i nuet. Mindfulness skaber afstand til negative tanker og gør det muligt at reagere på dem på en mere rationel måde.

Kognitive adfærdsteknikker er også effektive til at forstå og håndtere overtænkning. Disse teknikker indebærer, at man identificerer og udfordrer irrationelle overbevisninger og erstatter dem med mere rationelle og optimistiske ideer. Ved at ændre, hvordan vi tænker, kan vi ændre, hvordan vi har det, og i sidste ende bryde cirklen af overdreven tænkning.

Konklusionen er, at en forståelse af overtænkning er det første skridt i retning af at finde effektive metoder til at stoppe den. Ved at genkende tegn og symptomer, udfordre negative tanker, praktisere mindfulness og anvende kognitive adfærdsteknikker kan enkeltpersoner få kontrol over deres overtænkende adfærd og forbedre deres mentale sundhed. Det er muligt at overvinde overtænkning og leve et mere afbalanceret og tilfredsstillende liv med engagement og vedholdenhed, men det er en rejse, der kræver tålmodighed og øvelse.

1.2 Overtænkningens indvirkning på mental sundhed

Den mentale sundhed kan påvirkes negativt af overdreven grublen. Konstant grublen og optagethed af ens egne tanker kan føre til øget anspændthed, angst og endda depression. Negative og ængstelige tanker kan overvælde vores sind og gøre det svært at koncentrere sig om noget andet.

En af de mest markante effekter af overdreven grublen på den mentale sundhed er en stigning i stressniveauet. Når vi overtænker, dvæler vi ofte ved det værst tænkelige scenarie og forestiller os alle de mulige negative udfald. Denne vedvarende angst aktiverer kroppens stressrespons, hvilket resulterer i frigivelse af stresshormoner som f.eks. kortisol. Denne kroniske stress kan med tiden resultere i fysiske symptomer som migræne, muskelspændinger og træthed.

Derudover bidrager overtænkning til ængstelse. Når vi hele tiden tvivler på os selv og overanalyserer enhver beslutning, skaber vi en følelse af usikkerhed og tvivl. Det kan resultere i ængstelse og en vedvarende tilstand af bekymring. Frygten for at begå fejl eller ikke leve op til vores egne forventninger kan være invaliderende og forhindre os i at handle.

Desuden kan overdreven grublen bidrage til udvikling eller forværring af depression. Konstante negative tanker og selvkritik kan underminere selvværdet og føre til håbløshed og depression. Det kan med tiden føre til en nedadgående spiral af negativ tænkning og et forvrænget syn på sig selv og verden.

Ud over disse effekter på den mentale sundhed kan overdreven grublen også have en negativ indvirkning på vores relationer og generelle sundhed. Når vi konstant er opslugt af vores tanker, kan det være svært at være helt til stede sammen med andre. Overtænkning kan resultere i manglende kommunikation, misforståelser og en generel følelse af at være isoleret fra andre. Det kan også hæmme vores evne til at værdsætte nuet og finde glæde i almindelige aktiviteter.

At erkende de negative virkninger af overtænkning på den mentale sundhed er det første skridt i retning af at udvikle strategier til at håndtere og overvinde den. Du kan lære at bryde overtænkningens cyklus og opdyrke en sundere tankegang ved at implementere de teknikker og strategier, der er beskrevet i denne bog. Det er muligt at genvinde kontrollen over dine tanker og forbedre din mentale sundhed.

1.3 At genkende tegnene på overtænkning

Overtænkning kan være en subtil og gennemgribende adfærd, som ofte overses. Det kan opsluge vores tanker og udtømme vores mentale styrke, hvilket resulterer i øget stress og angst. At genkende tegnene på overtænkning er det første skridt i retning af at frigøre sig fra dens greb.

Overdreven angst er et typisk symptom på overtænkning. Hvis du hele tiden tænker på negative udfald eller forestiller dig det værst tænkelige, kan det være et tegn på, at du overtænker. Denne konstante bekymring kan forhindre dig i at værdsætte nuet fuldt ud og føre til en cyklus af grublerier.

Ubeslutsomhed er et andet symptom på overtænkning. Overtænkere har en tendens til at analysere alle mulige udfald og veje fordele og ulemper i det uendelige, når de konfronteres med selv de mest simple beslutninger. Det kan resultere i en paralyseret tilstand, hvor beslutninger udskydes eller undgås.

Overtænkere har også en tilbøjelighed til gentagne og cirkulære tankeprocesser. De kan finde på at gennemgå de samme tanker og bekymringer igen og igen uden at nå frem til en konklusion. Det kan forhindre fremskridt og problemløsning ved at holde sindet fanget i et loop.

Symptomer på overtænkning kan også vise sig fysisk. Angst, som ofte ledsager overtænkning, er kendetegnet ved hurtig puls, overfladisk vejrtrækning og anspændte muskler. Når kroppen reagerer på den opfattede trussel, kan disse fysiske manifestationer bidrage til at fastholde overtænkningens cyklus.

En optagethed af fortiden eller fremtiden er en yderligere indikation på overdreven tænkning. Overtænkere kan hele tiden gentage fortiden i deres fantasi, analysere hver eneste detalje og søge efter mening eller fortrydelse. De kan også bekymre sig overdrevent om fremtiden, forestille sig alt, hvad der kan gå galt, og forsøge at udøve kontrol over ethvert potentielt udfald.

Endelig kæmper overtænkere ofte med søvnforstyrrelser. Det kan være svært at falde i søvn og forblive bevidstløs hele natten, hvis ens sind kører rundt med ængstelige tanker. Denne mangel på restituerende søvn kan yderligere forværre de negative virkninger af overtænkning og føre til øget træthed og irritabilitet.

At genkende disse symptomer på overtænkning er det første skridt til at undslippe dens greb. Ved at blive opmærksomme på vores tankemønstre og den indvirkning, de har på vores velbefindende, kan vi begynde at implementere strategier til at stoppe overtænkning og genvinde kontrollen over vores sind.

1.4 Udfordring af negative tanker

Negative tanker kan være overordentligt potente og kan bidrage til en cyklus af overtænkning. Ofte stammer de fra vores usikkerhed, frygt og tidligere erfaringer. For at stoppe overtænkningen og genvinde den mentale kontrol er det nødvendigt at udfordre disse negative tanker.

Kognitiv omstrukturering er en effektiv metode til at udfordre negative overbevisninger. Denne teknik indebærer, at man identificerer og analyserer de beviser, der støtter og modarbejder vores negative tanker. På den måde kan vi få et mere realistisk og afbalanceret perspektiv.

For at udfordre negative overbevisninger er det nødvendigt først at genkende dem. Når du tænker for meget, skal du være opmærksom på de tanker, der opstår. Er de selvbevidste? Er de præget af katastrofale ræsonnementer? Når du har identificeret disse negative tanker, kan du begynde at tvivle på deres rigtighed.

Spørg dig selv: "Har denne idé noget bevis for at støtte den?" Ofte opdager vi, at vores negative tanker er baseret på fejlagtige antagelser eller skæve tankeprocesser. Ved at undersøge beviserne kan vi begynde at udfordre disse overbevisninger og erstatte dem med nogle, der er mere rationelle og positive.

Reframing er en anden nyttig teknik. Den går ud på at betragte en situation fra en anden vinkel. Hvis du f.eks. tænker: "Jeg dummer mig altid", så prøv at omformulere det til: "Jeg har begået fejl tidligere, men jeg har også opnået succes. Jeg er i stand til at lære og udvikle mig."

Det er også vigtigt at sætte spørgsmålstegn ved det sprog, vi bruger, når vi taler til os selv. Negativ selvsnak kan være ekstremt skadelig og forstærke vores tilbøjelighed til at tænke for meget. I stedet for "altid" og "aldrig" kan du prøve at bruge et mere realistisk og medfølende sprog. I stedet for at sige: "Jeg fejler altid", kan du f.eks. sige: "Jeg har tidligere haft tilbageslag, men jeg er i stand til at lære af dem og komme videre."

Husk, at det kræver øvelse og udholdenhed at bekæmpe negative overbevisninger. Det er ikke et spørgsmål om helt at eliminere negative overbevisninger, men snarere om at lære at identificere og omformulere dem på en mere positiv og realistisk måde. Det kan hjælpe med at bryde den onde cirkel af overdrevne overvejelser og fremme et sundere tankesæt over tid.

Ud over kognitiv omstrukturering og reframing kan teknikker som mindfulness og selvmedfølelse være nyttige til at udfordre negative tanker. Ved at dyrke selvbevidsthed og selvaccept kan vi udvikle en mere medfølende og opmuntrende indre dialog.

Generelt er det at udfordre negative overbevisninger et vigtigt skridt i retning af at stoppe overdreven tænkning. Vi kan begynde at genvinde kontrollen over vores tanker og leve et mere afbalanceret og tilfredsstillende liv ved at sætte spørgsmålstegn ved deres rigtighed, omformulere dem og bruge et mere medfølende sprog.

1.5 Mindfulness og overtænkning

Mindfulness er en effektiv metode til at overvinde tilbøjeligheden til at tænke for meget. Ved at dyrke mindfulness kan vi lære at observere vores tanker uden at dømme og vende tilbage til nuet. Det kan især være en fordel for dem, der er tilbøjelige til at have negative og gentagne tankemønstre.

Mindfulness giver os mulighed for at blive opmærksomme på vores tanker og følelser, når de opstår, så vi kan frigøre os fra dem og få perspektiv. Denne bevidsthed giver os mulighed for at genkende, når vi overtænker, og omdirigere vores opmærksomhed til nuet. På den måde kan vi bryde den cyklus af drøvtygning og angst, som ofte er resultatet af overtænkning.

At trække vejret opmærksomt er en enkel mindfulness-teknik, der kan være gavnlig for overtænkere. Ved at fokusere på vores åndedræt kan vi forankre os selv i nuet og få vores tankemylder til at falde til ro. Når vi bliver optaget af overdrevne tanker, kan vi tage et øjeblik til at fokusere på vores åndedræt og lade det bringe os tilbage til nuet.

Kropsscanningsmeditation er en anden effektiv mindfulness-praksis for overtænkere. Den går ud på systematisk at rette opmærksomheden mod forskellige områder af kroppen og blive opmærksom på eventuelle fornemmelser eller spændinger, der måtte være til stede. På den måde kan vi blive mere følsomme over for vores fysiske fornemmelser og flytte vores opmærksomhed fra vores sind til vores krop. Det kan hjælpe os med at bryde den cyklus, hvor vi tænker for meget, og blive mere forankret i nuet.

Ud over den formelle praksis kan vi dyrke mindfulness i vores daglige aktiviteter. Det indebærer, at vi nærmer os vores daglige aktiviteter med en nysgerrig og ikke-dømmende holdning. Vi kan øve os i at være helt til stede og opmærksomme på oplevelsen, uanset om vi spiser, går en tur eller fører en samtale. På den måde kan vi træne vores sind til at koncentrere sig om nuet og reducere tilbøjeligheden til at tænke for meget.

Det er vigtigt at huske, at mindfulness ikke handler om at forsøge at stoppe eller kontrollere vores tanker. I stedet handler det om at opdyrke et nyt forhold til vores tanker og lære at observere dem uden at blive revet med af dem. Gennem regelmæssig mindfulness-praksis kan vi opdyrke en indre følelse af ro og klarhed, som kan hjælpe os med at undslippe overdreven tænkning.

Mindfulness er en effektiv metode til at overvinde overdreven grublen. Ved at praktisere mindfulness kan vi øge vores bevidsthed om vores tanker og følelser, så vi kan bryde den onde cirkel af overtænkning og finde ro i nuet. At indarbejde mindfulness i vores liv, hvad enten det er gennem formel meditationspraksis eller almindelig opmærksomhed, kan hjælpe os med at opdyrke et mere afbalanceret og fredeligt sind.

Kapitel 2: Ryd op i dit sind

Vores sind kan let blive overbelastet med tanker, bekymringer og distraktioner i dagens hurtige, informationsdrevne samfund. Denne mentale tilstand kan bidrage til øget stress, angst og manglende evne til at koncentrere sig om det, der virkelig er vigtigt. I dette kapitel vil vi undersøge forskellige teknikker og metoder til at rydde dit sind og organisere dit mentale rum.

Ved at identificere og frigøre mentalt rod, skabe et befordrende miljø, praktisere dagbog og meditation, etablere grænser og omfavne minimalisme, kan du genvinde kontrollen over dine tanker og opleve større mental klarhed og sindsro.

Forbered dig på at tage på en rejse med mental oprydning og maksimering af dit potentiale.

2.1 At identificere og slippe af med mentalt rod

Før du kan rydde op i dit sind, skal du først erkende det mentale rod, der tynger dig. Forskellige typer af mentalt rod omfatter overdreven angst, negative tanker, selvtillid og overtænkning. Disse tanker og følelser kan forhindre dig i at tænke klart og effektivt ved at sløre dit sind.

At observere dine tanker og følelser i løbet af dagen er en metode til at genkende mentalt rod. Læg mærke til eventuelle tilbagevendende temaer eller mønstre, der dukker op. Er der bestemte tanker, der konstant optager din bevidsthed? Findes der tilbagevendende bekymringer og usikkerheder? Ved at blive opmærksom på disse mønstre kan du begynde at identificere den nuværende mentale overbelastning.

Når man har identificeret det mentale affald, er næste skridt at fjerne det.

Det kan være en vanskelig opgave, fordi vores tanker og følelser kan blive indgroet i vores sind. Det er dog vigtigt at huske, at disse tanker og følelser ikke definerer, hvem du er.

De passerer blot gennem dine tanker.

Mindfulness er en metode til at rense sindet for mental overbelastning. Mindfulness indebærer, at man fokuserer på nuet og observerer sine tanker og følelser uden at dømme. Når du bliver opmærksom på en tanke eller følelse, der dukker op, skal du blot anerkende den og give slip på den. Mind dig selv om, at disse tanker og følelser ikke tjener dig, og at du har evnen til at give slip på dem.

En anden gavnlig strategi er at udfordre og erstatte negative overbevisninger med mere positive og styrkende. Hvis du f.eks. hele tiden bekymrer dig om fremtiden, så mind dig selv om, at det ikke ændrer udfaldet, og at du har evnen til at håndtere alt, hvad der kommer på din vej. Ved at vælge at erstatte negative tanker med mere positive, kan du begynde at ændre dit perspektiv og rense dit sind for mental overbelastning.

At skrive dagbog kan også være en effektiv metode til at genkende og eliminere mental overbelastning. Tag dig tid hver dag til at nedfælde dine tanker og følelser på papir. Det kan hjælpe dig med at få klarhed og perspektiv på, hvad der virkelig er vigtigt, og hvad der kan opgives. Du kan også bruge dagbogsskrivning til at komme af med indestængte følelser eller frustrationer ved at lade dem flyde ud af dit sind og ned på siderne.

Ud over disse teknikker er det vigtigt at skabe et klart og organiseret miljø for at støtte dine bestræbelser på at reducere overbelastning. Et rodet miljø kan bidrage til mental overbelastning.

Tag dig tid til at rydde op og organisere dine omgivelser, så du skaber et rum, der fremmer ro og klarhed.

2.2 At skabe et klart og organiseret miljø

Når man skal rydde op mentalt, er det vigtigt at skabe et rent og organiseret miljø. Når dit fysiske rum er uorganiseret og overfyldt, kan det bidrage til følelsen af at være overvældet og distraheret. Ved at tage dig tid til at skabe et rent og organiseret miljø kan du skabe en følelse af ro og koncentration, som vil hjælpe dig i dine bestræbelser på at rense dit sind for unødvendige tanker.

Start med at rydde dit fysiske rum for affald. Fjern alle genstande, der ikke længere tjener et formål eller bringer dig lykke. Det kan være forældede dokumenter, ødelagte eller ubrugte ting samt alt andet, der skaber unødvendigt rod. Overvej at implementere et organisationssystem, mens du rydder op i dine ejendele. Det kan indebære brug af opbevaringsbeholdere, mærkning af genstande eller oprettelse af bestemte steder til forskellige kategorier af genstande.

Ud over at rydde op er det vigtigt at opretholde renlighed og orden i dit fysiske rum. Tør jævnligt støv af og rengør dit rum for at skabe en indbydende atmosfære. I stedet for at lade ting hobe sig op og skabe trængsel, så gør det til en vane at sætte dem tilbage på deres plads efter brug.

Håndtering af digitalt affald er også en del af at skabe et rent og organiseret miljø. Det er nemt for vores enheder at blive overfyldt med unødvendige filer, e-mails og notifikationer i den moderne digitale tidsalder. Tag dig tid til at organisere dine digitale filer og slette dokumenter eller kommunikation, der er unødvendig. Overvej at oprette mapper og undermapper for at organisere og gøre dine filer mere tilgængelige.

At etablere en daglig rutine er et vigtigt aspekt af at skabe et klart og organiseret miljø. En konsekvent rutine kan hjælpe dig med at holde orden og koncentration hele dagen. Planlæg tidspunkter for gøremål som rengøring, organisering og planlægning. Ved at indarbejde disse aktiviteter i din rutine kan du hele tiden opretholde et rent og organiseret miljø.

Endelig skal du overveje, hvordan dit fysiske miljø påvirker din mentale sundhed. Overvej faktorer som belysning, temperatur og støjniveau. Juster miljøet efter behov for at fremme koncentration og afslapning. Det kan indebære tilføjelse af naturligt lys, brug af støjreducerende hovedtelefoner eller justering af klimaet til et behageligt niveau.

Konklusionen er, at et rent og organiseret miljø er et afgørende skridt i retning af at rense dit sind for unødvendige tanker. Ved at rydde op i dit fysiske rum, håndtere digitalt affald, etablere en daglig rutine og optimere dit fysiske miljø kan du skabe et miljø, der fremmer koncentration, produktivitet og mental sundhed. Tag dig tid til at skabe et rent og organiseret miljø, og din indsats for at rense dit sind vil bære frugt.

Afsnit 2.3 Journalisering for mental klarhed

At skrive dagbog er et kraftfuldt instrument til at rense dit sind og få mental klarhed. Ved at sætte dine tanker og følelser på papir kan du frigøre dem fra din bevidsthed og give plads til nye perspektiver og indsigter. Journaling giver dig mulighed for at undersøge dine tanker og følelser i et trygt, ikke-dømmende miljø og dermed øge din forståelse af dig selv og dine oplevelser.

Hvis du vil begynde at skrive dagbog for at opnå mental klarhed, skal du finde et sted, hvor du kan koncentrere dig uden afbrydelser. Sæt tid af dagligt eller ugentligt til denne praksis. Begynd med at skrive alt, hvad der falder dig ind, uden at bekymre dig om grammatik eller struktur. Tillad dig selv at udtrykke de følelser eller bekymringer, der måtte tynge dig, ved at lade dine tanker flyde frit på siden.

Du kan finde det nyttigt at stille dig selv specifikke spørgsmål eller skriveanvisninger, når du fører dagbog. Du kan f.eks. spørge: "Hvad føler jeg lige nu?" Eller: "Hvad er det for tanker, der går igen i mit hoved?" Disse spørgsmål kan hjælpe dig med at dykke dybere ned i dine tanker og følelser og afsløre eventuelle mønstre eller underliggende problemer, der kan bidrage til din overtænkning.

At skrive dagbog kan være et rum for refleksion og problemløsning ud over at formidle dine tanker og følelser. Når du har skrevet om et bestemt emne eller en bekymring, skal du overveje, hvad du har skrevet. Undersøg eventuelle tilbagevendende ideer eller mønstre, der kan bidrage til din overtænkning. Overvej potentielle løsninger eller alternative synspunkter, der kan hjælpe dig med at få klarhed og komme videre.

Derudover kan dagbøger fungere som en krønike over dine fremskridt og din udvikling. Du kan observere ændringer i dine tanker, følelser og perspektiver, når du fører dagbog over tid. Ved at gennemgå tidligere indlæg kan du få perspektiv på dine fremskridt og identificere områder, hvor du stadig har brug for at forbedre dig.

Husk, at det at skrive dagbog er en individuel praksis, og at der ikke er nogen korrekt eller forkert måde at gøre det på. Find den måde at skrive dagbog på, der fungerer bedst for dig, hvad enten det er fri skrivning, bullet journaling eller brug af specifikke prompts. Det vigtigste er at indarbejde dagbogsskrivning i din daglige rutine og at gå til det med et åbent og nysgerrigt sind.

Konklusionen er, at dagbogsskrivning er en effektiv metode til at fjerne mental overbelastning og opnå mental klarhed. Ved at sætte dine tanker og følelser på papir kan du frigøre dem fra din bevidsthed og give plads til nye perspektiver og indsigter. Gør det til en fast vane at skrive dagbog, og brug den til selvrefleksion, problemløsning og personlig udvikling. Du kan opdyrke et klart og organiseret sind, der er fri for overtænkningens byrder, ved konsekvent at skrive dagbog.

2.4 Øvelse i meditation og afslapningsteknikker

Meditation og afslapningsteknikker er stærke værktøjer, som kan bruges i bestræbelserne på at rydde vores sind for rod.

Denne praksis er blevet brugt i århundreder til at berolige sindet, reducere stress og fremme en følelse af indre ro. Vi kan skabe et rum for mental klarhed og foryngelse ved at indarbejde meditation og afslapning i vores hverdag.

Meditation indebærer, at man koncentrerer sit sind og opnår en tilstand af dyb afslapning. Det kan gøres på mange forskellige måder, bl.a. ved at sidde i et fredeligt rum, lukke øjnene og koncentrere sig om åndedrættet. Målet er at berolige sindet og give slip på alle ængstelige tanker eller bekymringer. På den måde kan vi fremkalde en følelse af indre fred og ro.

På den anden side involverer afslapningsteknikker bevidst afspænding af krop og psyke. Det kan ske gennem øvelser som dyb vejrtrækning, progressiv muskelafspænding og guidet billeddannelse. Disse teknikker hjælper med at fjerne spændinger og fremme afslapning i hele kroppen.

Når du praktiserer meditations- og afslapningsteknikker, er det vigtigt at finde et roligt og behageligt sted, hvor du kan fordybe dig helt i øvelsen. Det kan være et særligt meditationsrum, en hyggelig krog i din bolig eller et roligt udendørs sted. Nøglen er at skabe et miljø, hvor du kan koncentrere dig helt om nuet og give slip på alle distraktioner.

Find en behagelig siddestilling, og luk øjnene for at begynde din meditationspraksis. Tag flere dybe indåndinger ved at trække vejret ind gennem næseboret og puste ud gennem munden. Fokuser din opmærksomhed på fornemmelsen af, at dit åndedræt kommer ind og ud af din krop, mens du trækker vejret. Læg mærke til brystets bevægelser eller fornemmelsen af luft, der strømmer ud gennem næseborene. Hvis dine tanker begynder at vandre, skal du gradvist vende tilbage til din vejrtrækning.

Når du mediterer, kan du opleve, at der dukker tanker og distraktioner op. I stedet for at lade disse tanker opsluge dig, skal du blot anerkende dem og give slip på dem. Forestil dig dem som skyer, der svæver væk på himlen. Ved at slippe disse forestillinger giver du plads til et klart og roligt sind.

Ud over meditation kan det være gavnligt at indarbejde afslapningsteknikker i din daglige rutine. For eksempel kan dybe vejrtrækningsøvelser udføres hvor som helst og når som helst. Du skal blot tøve lidt, lukke øjnene og tage flere dybe indåndinger. Træk vejret dybt ind gennem næsen, så maven kan udvide sig, og pust forsigtigt ud gennem munden, så du slipper eventuelle spændinger eller stress.

Progressiv muskelafspænding er en anden effektiv afspændingsteknik. Udgangspositionen er at spænde og derefter afspænde hver muskelgruppe i kroppen, begyndende med tæerne og arbejde sig op til kraniet. Det hjælper med at slippe af med fysiske spændinger og fremmer en følelse af generel afslapning i kroppen.

Guidet billeddannelse er en effektiv afslapningsteknik, som går ud på at visualisere en beroligende og fredfyldt scene. Forestil dig, at du befinder dig i rolige omgivelser, f.eks. på en strand eller i en skov, og luk øjnene. Forestil dig lyden af bølgeskvulp eller duften af nye fyrretræer for at stimulere dine sanser. Tillad dig selv at blive helt opslugt af denne visualisering, og giv slip på al angst og anspændthed.

Du kan skabe plads til mental klarhed og afslapning ved at integrere meditations- og afslapningsteknikker i din daglige rutine. Disse metoder kan hjælpe med at rense sindet, reducere stress og fremme en følelse af indre ro. Så tag et øjeblik hver dag til at holde pause, trække vejret og give slip.

Dit sind vil sætte pris på det.

2.5 At sætte grænser og prioritere egenomsorg

At sætte grænser og prioritere egenomsorg er vigtige foranstaltninger til at rydde dit sind for rod. Når vi overtænker, forsømmer vi ofte vores egne behov og vores eget velbefindende til fordel for andres forventninger og krav.

Ved at sætte klare grænser bestemmer vi, hvad vi er villige til at acceptere, og hvad vi skal prioritere for os selv.

At sætte grænser kræver, at vi anerkender og kommunikerer vores begrænsninger til andre. Det indebærer at sige nej, når det er nødvendigt, uden at fortryde det. Det er vigtigt at huske på, at det at sætte grænser ikke er egoistisk; det er en handling, der handler om selvopholdelse og selvrespekt. Ved at sætte grænser giver vi os selv plads til at fokusere på vores mentale og følelsesmæssige sundhed.

En metode til at sætte grænser er at finde ud af, hvad der dræner dig for energi og gør dig anspændt. Læg mærke til de situationer, aktiviteter og personer, der får dig til at føle dig overvældet eller udmattet. Når du har identificeret disse udløsere, kan du begynde at sætte grænser for dem. Det kan indebære, at du begrænser din eksponering for bestemte situationer eller personer, eller at du simpelthen afviser at deltage i aktiviteter, der ikke er i overensstemmelse med dine prioriteter.

Prioritering af egenomsorg er et andet aspekt af at sætte grænser. Egenomsorg indebærer, at man tager bevidste skridt til at pleje og passe på sig selv. Det indebærer at tage sig tid til aktiviteter, der giver dig glæde, afslapning og fornyelse. Det kan være aktiviteter som at tage et bad, gå en tur i naturen, dyrke yoga eller meditation eller dyrke sjove hobbyer.

Egenomsorg indebærer også, at man erkender, når man har brug for en pause, og giver sig selv lov til det. Det er vigtigt at tage hensyn til din krop og dit sind og respektere dit behov for hvile. Det kan indebære, at du planlægger regelmæssige pauser i løbet af dagen, tager ferie eller fri fra arbejde eller bare giver dig selv lov til at slappe af et stykke tid.

Du skaber et sundere og mere afbalanceret forhold til dig selv og andre ved at sætte grænser og prioritere egenomsorg. Du giver dig selv lov til at prioritere dine egne behov og skabe et liv i overensstemmelse med dine værdier og prioriteter.

Husk, at du fortjener at passe på dig selv og leve en glædelig og tilfredsstillende tilværelse. Begynd derfor straks at sætte grænser og prioritere egenomsorg.

2.6 Omfavn minimalisme for at få et klart sind

Det er nemt for vores sind at blive overbelastet med tanker, bekymringer og distraktioner i nutidens hurtige og rodede verden. Dette uophørlige mentale rod kan føre til overdreven tænkning og mangel på klarhed. At omfavne minimalisme er en effektiv metode til at rense dit sind og skabe en følelse af ro.

Minimalisme handler ikke kun om at skille sig af med materielle ejendele; det handler også om at strømline sit liv og fokusere på det, der virkelig betyder noget. Ved at indtage en minimalistisk tankegang kan du skabe plads i dit sind og reducere det mentale affald, der ofte fører til overtænkning.

At identificere og fjerne mentalt rod er en af de første faser i at indføre minimalisme for at opnå mental klarhed. Overdrevne bekymringer, negative tanker og unødvendige afledninger kan alle udgøre mentalt rod. Overvej, hvilke tanker og overbevisninger der tynger dig ned og forhindrer dig i at komme videre. Ved at frigøre disse mentale byrder kan du gøre plads til mere positive og produktive tanker.

Et andet vigtigt aspekt ved at indføre minimalisme for at opnå mental klarhed er at skabe et rent og organiseret miljø. Et rodet miljø kan føre til en rodet psyke. Tag dig tid til at rydde op i dit hjem og på dit kontor, og smid de ting ud, som ikke længere tjener et formål eller giver dig glæde. Ved at skabe et pletfrit og organiseret miljø kan du fremkalde en følelse af ro og mental klarhed hos dig selv.

At skrive dagbog er en effektiv metode til mental klarhed og oprydning. Ved at sætte dine bekymringer og tanker på papir kan du få en bedre forståelse af dem og begynde at give slip. Brug et par minutter hver dag på at nedskrive dine tanker, følelser og eventuelle bekymringer, der tynger dig. Denne praksis kan hjælpe dig med at få perspektiv og rydde dit sind for det mentale rod, der ofte fører til overdreven grublen.

Meditation og afslapningsteknikker er en anden effektiv metode til at omfavne minimalisme for at opnå mental klarhed. Ved at tage dig tid til at få ro i sindet og koncentrere dig om nuet kan du reducere stress og angst og dermed opnå større mental klarhed. Find et roligt sted at sidde, og koncentrer dig om din vejrtrækning. Når tankerne dukker op, skal du blot anerkende dem, give slip på dem og rette opmærksomheden mod dit åndedræt. Denne øvelse kan hjælpe dig med at kultivere en følelse af mental ro og klarhed.

At sætte grænser og gøre selvpleje til en topprioritet er afgørende for at bevare mental klarhed. Lær at sige nej til aktiviteter og forpligtelser, som ikke er i overensstemmelse med dine værdier eller gør dig glad. Ved at sætte grænser kan du skabe plads i dit liv til det, der virkelig betyder noget, og reducere den mentale overbelastning, der opstår, når du forpligter dig for meget. Prioritering af egenomsorgsaktiviteter som motion, afslapning og tid sammen med dem, du holder af, kan også hjælpe dig med at bevare et klart og fokuseret sind.

At indføre minimalisme for at opnå mental klarhed er en rejse, der kræver en kontinuerlig indsats og dedikation. Det handler om at forenkle dit liv, give slip på det, der ikke længere tjener dig, og fokusere på det, der virkelig er vigtigt. Ved at rydde op i dit sind og skabe plads til klarhed kan du reducere overtænkning og opdyrke en følelse af ro og formål i dit liv. Begynd at nyde fordelene ved et klart sind med det samme ved at tage det første skridt mod at omfavne minimalisme.

Kapitel 3: Bryd de negative spiralers cyklus

Dette kapitel undersøger de negative effekter af negative spiraler, og hvordan de bidrager til overtænkning. Negative spiraler er cyklusser af selvtvivl, angst og pessimisme, der er kendetegnet ved en hurtig eskalering af negative tanker og følelser.

Ved at forstå de udløsende faktorer og mønstre i negative spiraler kan vi lære at omformulere vores tanker, dyrke positiv selvsnak og udvikle den modstandskraft, der er nødvendig for at bryde ud af denne destruktive cyklus.

Derudover vil vi diskutere betydningen af at søge støtte og professionel hjælp, når det er nødvendigt, samt at fremme positive relationer. Gennem de strategier og teknikker, der er beskrevet i dette kapitel, kan vi opnå evnen til at overvinde selvtvivl, omfavne optimisme og fremme følelsesmæssigt velvære.

Lad os gå i gang med denne rejse for at undslippe negative spiraler og genvinde mental og følelsesmæssig kontrol.

3.1 Forstå negative spiraler og deres indvirkning

Negative spiraler er mønstre af negativ tænkning og adfærd, som kan påvirke vores mentale og følelsesmæssige sundhed betydeligt.

Disse spiraler begynder typisk med en negativ tanke eller oplevelse, som så fremkalder yderligere negative tanker og følelser, hvilket resulterer i en nedadgående spiral af negativitet.

Når vi engagerer os i negative spiraler, bliver vores tanker forvrængede og overdrevne, hvilket får os til at dvæle ved de værst tænkelige scenarier og vores fejl eller fiaskoer. Denne konstante grublen kan resultere i forhøjede niveauer af angst, anspændthed og endda depression.

Negative spiraler har konsekvenser, der rækker ud over vores mentale og følelsesmæssige tilstand. Den kan også påvirke vores fysiske helbred, relationer og livskvalitet som helhed. Når vi er fanget i negative spiraler, kan det være svært for os at koncentrere os, træffe beslutninger eller deltage i aktiviteter, der giver os glæde. Efterhånden som vi bliver mere tilbagetrukne, irritable og pessimistiske, kan vores relationer blive dårligere.

Negative kaskader kan også fastholde en cyklus af lavt selvværd og tvivl på sig selv. Vores selvtillid og selvværd mindskes, når vi bliver ved med at fokusere på vores oplevede fejl og mangler. Det kan forstærke negative tankemønstre og gøre det sværere at bryde cirklen.

At forstå virkningerne af negative spiraler er afgørende for at slippe ud af deres greb. Ved at identificere de negative tanker og handlinger, der bidrager til disse spiraler, kan vi begynde at udfordre og omformulere dem. Det er vigtigt at huske, at negative spiraler ikke repræsenterer vores sande selv eller evner. De er blot indlærte mønstre, som kan aflæres gennem øvelse og selvbevidsthed.

I de følgende afsnit vil vi undersøge teknikker og strategier til at bryde den negative spiral. Ved at dyrke positiv selvsnak, udvikle modstandskraft og søge støtte kan vi begynde at ændre vores perspektiv og skabe en mere opløftende og styrkende fortælling for os selv.

Det er muligt at slippe ud af de negative spiralers greb og dyrke et liv, der er mere afbalanceret og tilfredsstillende.

3.2 Identificering af udløsere og mønstre

At identificere triggere og mønstre er et afgørende skridt i retning af at undslippe negative kaskader.

Triggere er de situationer, omstændigheder eller tanker, der sætter gang i en kaskade af negative tanker og følelser. De kan være eksterne, som f.eks. en uoverensstemmelse med en ven eller en stressende deadline på arbejdet, eller interne, som f.eks. en selvkritisk tanke eller en erindring om en tidligere fiasko.

For at identificere triggere er det vigtigt at være opmærksom på dine tanker, følelser og fysiske fornemmelser, når du befinder dig i en nedadgående spiral. Læg mærke til de situationer og hændelser, der konsekvent synes at fremprovokere negative tanker og følelser. Brug en dagbog eller en note-app til at registrere disse triggere og eventuelle tilbagevendende mønstre.

Triggere skaber tilbagevendende temaer eller adfærd, som er mønstre. For eksempel kan du observere, at når du får kritik på arbejdet, begynder du straks at sætte spørgsmålstegn ved dine evner og bliver overvældet af selvtillid. Eller måske har du en tendens til at overanalysere og overdrive, når du har en uoverensstemmelse med en, du holder af.

Du kan få indsigt i de grundlæggende årsager til dine negative spiraler ved at genkende triggere og mønstre. Denne bevidsthed gør dig i stand til at forebygge eller håndtere disse udløsere i fremtiden gennem proaktive foranstaltninger. Derudover gør det dig i stand til at genkende, når du falder ind i velkendte mønstre, så du kan bryde cyklussen, før den eskalerer ud af kontrol.

Gennem selvrefleksion og selvbevidsthed er det muligt at identificere triggere og mønstre. Tag dig tid hver dag til at overveje dine tanker, følelser og handlinger. Spørg dig selv: Hvilke situationer eller begivenheder har tendens til at fremprovokere negative følelser og tanker hos mig? Hvordan reagerer jeg normalt på disse stimuli? Findes der tilbagevendende temaer eller mønstre i mine negative spiraler?

En anden nyttig teknik er at få feedback fra ligesindede, familiemedlemmer eller terapeuter, som man har tillid til. De kan måske give et objektivt synspunkt og hjælpe dig med at genkende triggere og mønstre, som du ikke er klar over. Nogle gange kan andre genkende mønstre i vores adfærd, som vi ikke selv kan.

Husk, at formålet med at identificere triggere og mønstre ikke er at placere skylden hos dig selv eller andre, men snarere at få indsigt og træffe proaktive foranstaltninger for at bryde den negative spiral.

Det er en mulighed for personlig udvikling og fremgang. Med bevidsthed og forståelse kan du udvikle strategier til effektivt at håndtere og overvinde disse udløsere, hvilket resulterer i en mere positiv og tilfredsstillende tilværelse.

3.3 Omformulering af negative tanker

Negative tanker kan være ekstremt potente og kan let eskalere ud af kontrol, hvilket resulterer i en ond cirkel af negativitet og selvtillid. Men denne cyklus kan brydes ved at omformulere negative overbevisninger. Reframing indebærer, at vi bevidst ændrer vores opfattelse og fortolkning af en situation, så vi kan se den i et mere positivt og styrkende perspektiv.

En effektiv teknik til at omformulere negative tanker er at sætte spørgsmålstegn ved deres sandfærdighed og nøjagtighed. Ofte er negative tanker baseret på falske antagelser eller forvrængede tankeprocesser. Ved at udfordre beviserne og ræsonnementerne bag disse ideer kan vi begynde at se dem for, hvad de virkelig er: ulogiske og kontraproduktive.

En anden nyttig strategi er at erstatte negative overbevisninger med mere positive og realistiske. Det indebærer, at man vælger at koncentrere sig om de positive aspekter af en situation eller søger alternative forklaringer på negative hændelser. Vi kan f.eks. erstatte tanken "Jeg laver altid fejl" med "Jeg er i stand til at lære af mine fejl og forbedre mig".

Ud over at praktisere selvmedfølelse, når vi omformulerer negative overbevisninger, er det vigtigt at gøre det. I stedet for at være overdrevent kritiske og fordømmende over for os selv kan vi vælge at være hensynsfulde og tilgivende. Det indebærer, at vi anerkender, at alle begår fejl, og at det er acceptabelt at være ufuldkommen. Ved at behandle os selv med medfølelse kan vi bryde cirklen af negativ selvsnak og udvikle en mere positiv og opmuntrende indre dialog.

Ud over at omformulere negative tanker kan det være gavnligt at sætte spørgsmålstegn ved de overbevisninger og antagelser, der bidrager til dem. Ofte stammer negative tanker fra dybtliggende overbevisninger om os selv, andre og verden. Ved at granske og udfordre disse overbevisninger kan vi begynde at erstatte dem med nogle, der er mere positive og styrkende.

Mindfulness kan også hjælpe med at omformulere negative overbevisninger. Mindfulness er en praksis, hvor vi er helt til stede i nuet og observerer vores tanker uden at dømme. Ved at opdyrke en ikke-dømmende bevidsthed om vores tanker kan vi begynde at identificere negative tankemønstre og vælge at omformulere dem på en mere positiv og konstruktiv måde.

Omformulering af negative overbevisninger er generelt en effektiv metode til at bryde den negative spiral. Ved at udfordre sandheden i negative tanker, erstatte dem med mere positive og realistiske tanker, øve selvmedfølelse, udfordre underliggende overbevisninger og dyrke mindfulness kan vi ændre vores tankemønstre og udvikle en mere positiv og styrkende tankegang.

3.4 At dyrke positiv selvtale

Negativ selvsnak kan være en vigtig faktor i den negative spiral og de overdrevne tanker. Når vi hele tiden kritiserer os selv, tvivler på vores evner og dvæler ved vores fejl, er det svært at bryde negative tankemønstre. At dyrke positiv selvsnak er et stærkt instrument til at ændre vores tankesæt og fremme en mere optimistisk og opmuntrende indre dialog.

En metode til at opdyrke positiv selvsnak er at genkende og erstatte negative tanker med positive bekræftelser. Start med at være meget opmærksom på de tanker, der opstår, når du møder forhindringer eller begår fejl. De er enten selvnedvurderende eller kritiske. Når du har identificeret disse negative overbevisninger, bør du bevidst udfordre dem og erstatte dem med styrkende og positive udsagn.

Hvis du f.eks. tænker: "Jeg laver altid rod i tingene", kan du udfordre denne forestilling ved at mindes tilfælde, hvor du har opnået succes eller overvundet forhindringer. Erstat den med en bekræftelse som: "Jeg er dygtig og modstandsdygtig." Jeg har evnerne og udholdenheden til at overvinde enhver forhindring."

Selvmedfølelse er endnu en effektiv teknik. Betragt dig selv med samme medfølelse og forståelse, som du ville gøre med en nær ven eller et familiemedlem. Anerkend, at det at begå fejl er en normal del af processen med at vokse og lære. I stedet for at bebrejde dig selv for det, du opfatter som fejl, kan du give dig selv støtte og opmuntring. Mind dig selv om, at du gør en indsats, og at det er acceptabelt at begå fejl.

Derudover kan det være en fordel at lave en liste over positive bekræftelser eller mantraer, der giver genlyd hos dig. Det kan være enkle udsagn som "Jeg fortjener kærlighed og lykke" eller "Jeg er i stand til at skabe positive forandringer i mit liv". Gentag disse bekræftelser ofte, især når du tvivler på dig selv, eller når der opstår negative tanker.

Desuden kan det at omgive sig med positive mennesker have en betydelig effekt på din selvtale. Opsøg mennesker, der tror på dine evner og opmuntrer din personlige udvikling, og som er opmuntrende og opløftende. Begræns din eksponering for potentielt selvtvivlende og deprimerende negative miljøer.

Husk, at udvikling af positiv selvsnak er en øvelse, der kræver styrke og udholdenhed. Vær god ved dig selv, når du forsøger at ændre dit tankesæt. Anerkend de fremskridt, du gør, og de små sejre, du opnår undervejs. Du kan undslippe negative spiraler og opdyrke en mere positiv og styrkende indre dialog med tid og indsats.

3.5 Opbygning af modstandsdygtighed og følelsesmæssigt velbefindende

For at bryde den negative spiral er det vigtigt at udvikle modstandskraft og følelsesmæssig sundhed. Overtænkning resulterer ofte i øget anspændthed, angst og et pessimistisk syn. Men ved at dyrke modstandskraft og følelsesmæssig sundhed kan vi navigere mere effektivt gennem disse forhindringer og bevare et positivt syn.

Evnen til at komme sig over modgang og tilpasse sig forandringer er resiliens. Det indebærer, at vi udvikler mestringsmekanismer og et solidt støttenetværk, der kan hjælpe os med at navigere i udfordrende situationer. Ved at opdyrke modstandskraft kan vi bedre håndtere den spænding og uforudsigelighed, der ofte ledsager overdreven tænkning.

At praktisere selvomsorg og selvmedfølelse er en metode til at øge modstandskraften. At opretholde følelsesmæssigt velvære kræver, at vi tager os af os selv fysisk, følelsesmæssigt og mentalt. Det kan omfatte aktiviteter, der giver os glæde, brug af afslapningsteknikker og at sætte vores egne behov først.

Udvikling af følelsesmæssig bevidsthed og regulering er et andet afgørende aspekt af opbygningen af modstandskraft. Det omfatter at genkende og forstå vores følelser samt at opdage sunde måder at udtrykke og håndtere dem på. Ved at dyrke følelsesmæssig intelligens kan vi navigere mere effektivt i overtænkningens op- og nedture og bevare en følelse af ligevægt.

At udvikle positive relationer og støttenetværk er også vigtigt for at udvikle modstandskraft. At omgive sig med støttende og empatiske mennesker kan give os den opmuntring og retning, vi har brug for under vanskelige omstændigheder. Desuden kan det være en fordel at søge professionel hjælp, f.eks. terapi eller rådgivning, for at opbygge modstandskraft og følelsesmæssig sundhed.

Selvrefleksion og selvforbedring er afgørende for at udvikle modstandskraft og følelsesmæssig sundhed. Det indebærer at identificere områder for personlig vækst og aktivt forfølge selvforbedring. Ved at anlægge en væksttankegang og opfatte forhindringer som lærings- og udviklingsmuligheder kan vi opdyrke modstandskraft og forbedre vores følelsesmæssige sundhed.

For at afbryde den negative spiral er det afgørende at udvikle både modstandskraft og følelsesmæssig sundhed. Ved at engagere sig i egenomsorg, dyrke følelsesmæssig bevidsthed, fremme positive relationer og omfavne personlig vækst kan vi mere effektivt navigere i udfordringerne ved overtænkning og bevare et positivt og modstandsdygtigt syn på tingene.

3.6 At søge støtte og professionel hjælp

For at bryde den negative spiral, der er forårsaget af overdreven grublen, er det vigtigt at søge støtte og professionel hjælp. Der er tidspunkter, hvor der er brug for yderligere støtte til at tackle underliggende problemer og udvikle sundere håndteringsmekanismer, på trods af effektiviteten af selvhjælpsteknikker og -strategier.

En mulighed for at søge hjælp er at henvende sig til ligestillede eller familiemedlemmer, man har tillid til. At dele sine tanker og følelser med en person, man har tillid til, kan give lettelse og perspektiv. De kan give støtte, vejledning og et øre til at lytte, så du kan få klarhed og navigere i vanskelige situationer.

At søge hjælp hos en terapeut eller rådgiver er en yderligere nyttig ressource. Disse fagfolk er uddannet til at hjælpe folk med at overvinde negative tankemønstre og udvikle sundere tankeprocesser. De kan give dig et sikkert og fordomsfrit miljø, hvor du kan udforske dine tanker og følelser, samt råd om, hvordan du kan udfordre og omformulere negative overbevisninger.

Derudover kan terapeuter og rådgivere lære dig specifikke teknikker og strategier til at håndtere overtænkning, f.eks. kognitiv adfærdsterapi (CBT) og mindfulness-baserede tilgange. Disse evidensbaserede terapier kan hjælpe dig med at identificere og ændre negative tankemønstre, udvikle mestringsfærdigheder og forbedre din mentale sundhed som helhed.

I nogle tilfælde kan en psykiater ordinere medicin til behandling af de angst- eller depressionssymptomer, der ofte ledsager overdreven grublen. Medicin kan være et nyttigt supplement til psykoterapi, idet den kan lindre overvældende impulser og give dig mulighed for at deltage mere effektivt i terapien.

Det er vigtigt at huske på, at det at søge støtte og professionel hjælp ikke er et tegn på svaghed, men snarere en proaktiv handling for at bevare sin mentale sundhed. Lige så vigtigt som at søge lægehjælp for en fysisk lidelse er det at søge hjælp til din mentale sundhed.

Overvej at kontakte din praktiserende læge eller en hjælpelinje for psykisk sundhed for at få vejledning og henvisninger, hvis du ikke ved, hvor du skal begynde. De kan sætte dig i forbindelse med fagfolk og ressourcer, der har specialiseret sig i at behandle overtænkning og relaterede psykiske problemer.

Husk, at du ikke er alene om at stå over for udfordringerne ved at tænke for meget. At søge støtte og professionel hjælp kan give dig de ressourcer og den vejledning, der er nødvendig for at undslippe negative spiraler og dyrke et sundere tankesæt.

3.7 At pleje sunde relationer

At pleje sunde relationer er afgørende for processen med at bryde den negative spiral. Vores forhold til andre kan i høj grad påvirke vores mentale sundhed og bidrage til enten positive eller negative tankemønstre. Ved at fremme sunde relationer kan vi skabe et støttende og opløftende miljø, der gør det muligt for os at undslippe de overdrevne tankers cyklus.

Kommunikation er en vigtig komponent i at fremme sunde relationer. Effektiv kommunikation kræver, at man både udtrykker sig ærligt og lytter opmærksomt til andre. Ved at udtrykke vores tanker og følelser åbent kan vi undgå at undertrykke følelser, der kan føre til overtænkning. Derudover gør aktiv lytning os i stand til at forstå andres perspektiver og udvikle stærkere relationer.

At definere grænser er et afgørende aspekt af at opretholde sunde relationer. Det er afgørende at etablere klare grænser i forhold til andre for at beskytte vores mentale og følelsesmæssige sundhed. Ved at sætte grænser kan vi undgå at blive overbebyrdet eller oversvømmet af andres forventninger og krav. Det hjælper os med at opretholde en sund balance i vores relationer og mindsker sandsynligheden for, at vi udvikler negative tankemønstre.

At udvikle tillid er også afgørende for at opretholde sunde relationer. Tillid er grundlaget for solide og meningsfulde relationer. Når vi stoler på andre, og de til gengæld stoler på os, kan vi give slip på behovet for hele tiden at analysere og overtænke deres motiver og handlinger. Tillid gør os i stand til at slappe af og være mere til stede i vores relationer og fremmer dermed en positiv og støttende atmosfære.

Ud over kommunikation, grænser og tillid kræver dyrkelsen af sunde relationer, at man udviser empati og medfølelse. Empati gør os i stand til at forstå andres oplevelser og følelser og til at relatere til dem og dermed skabe dybere forbindelser. Ved at udvise medfølelse for andre skaber vi et sikkert rum for åbenhed og forståelse. Det forbedrer ikke kun vores relationer, men gør os også i stand til at bryde negative tankemønstre ved at overføre vores opmærksomhed til empati og generøsitet.

Endelig er det vigtigt at omgive sig med positive og støttende mennesker. Det selskab, vi er i, påvirker i høj grad vores mentale tilstand og tankeprocesser. Ved at omgive os med mennesker, der opløfter og inspirerer os, kan vi undslippe negative cyklusser og udvikle et mere optimistisk syn på livet. Det er vigtigt at vurdere vores relationer og adskille os fra giftige eller negative påvirkninger, der kan bidrage til overdreven grublen.

At udvikle og vedligeholde sunde relationer er en løbende proces, der kræver indsats og dedikation. Ved at prioritere effektiv kommunikation, etablere grænser, fremme tillid, praktisere empati og medfølelse og omgive os med positive indflydelser kan vi etablere et netværk af støtte, der hjælper os med at bryde den negative spiral. Disse sunde relationer giver os den kærlighed, forståelse og opmuntring, der er nødvendig for at overvinde overtænkning og dyrke en lykkeligere og mere tilfredsstillende tilværelse.

Kapitel 4: At overvinde selvtillid og perfektionisme

Forholdet mellem overtænkning, selvtvivl og perfektionisme vil blive undersøgt i dette kapitel. Tvivl på sig selv kan være en invaliderende kraft, som forhindrer os i at nå vores maksimale potentiale, mens perfektionisme kan skabe urealistiske forventninger og en konstant frygt for at fejle.

Tilsammen udgør de en ond cirkel, der kan hæmme vores personlige udvikling og tilfredshed. Ved at forstå sammenhængen mellem overtænkning og selvtillid, anerkende perfektionistiske tendenser og omfavne selvaccept kan vi begynde at bryde disse destruktive mønstre. Vi vil lære at sætte realistiske mål, praktisere selvmedfølelse og dyrke et sundere tankesæt ved hjælp af praktiske strategier og øvelser.

Det er på tide at give slip på selvtillid og perfektionisme og omfavne en version af os selv, der er mere tilfredsstillende og ægte.

4.1 Forbindelsen mellem overtænkning og selvtillid

Tvivl på sig selv og overtænkning går ofte hånd i hånd, hvilket resulterer i en tyktflydende cyklus, som kan være svær at bryde. Det kan føre til manglende selvtillid og en konstant frygt for at fejle. Overtænkning forværrer selvtvivlen ved at forstørre vores usikkerhed og få os til at sætte spørgsmålstegn ved vores evner og dermed forstærke selvtvivlen.

Både overtænkning og selvtillid udspringer af en frygt for at begå fejl eller blive bedømt af andre, hvilket er en af de primære forbindelser mellem de to. Når vi overtænker, har vi en tendens til at koncentrere os om de negative resultater og de værst tænkelige scenarier, hvilket kun tjener til at forstærke vores selvtillid. Vi bliver fanget i en endeløs cyklus, hvor vi analyserer alle mulige udfald, hvilket kan forhindre os i at handle og træffe beslutninger.

Overtænkning bidrager også til selvtillid ved at øge vores bevidsthed om vores fejl og mangler. Vi har en tendens til at fiksere på vores fejl og tidligere fiaskoer og gentage dem uafbrudt i vores sind. Denne konstante selvkritik underminerer vores selvtillid og gør det svært at tro på os selv og vores evner.

Desuden kan overtænkning føre til en perfektionistisk tankegang, hvor vi holder os selv op på umulige standarder og uophørligt stræber efter perfektion. Denne perfektionisme forværrer selvtvivlen, fordi vi aldrig er tilfredse med vores præstationer og hele tiden tror, at vi kunne have gjort det bedre. Vi bliver viklet ind i en cyklus af selvkritik og selvtillid, hvor vi forfølger en uopnåelig standard for perfektion.

For at bryde forbindelsen mellem overtænkning og selvtillid må vi udfordre vores negative tanker og overbevisninger. Vi må erkende, at overdreven tænkning er uproduktiv og kun tjener til at forstærke vores tvivl på os selv. I stedet for at dvæle ved vores fejl og mangler bør vi koncentrere os om vores styrker og resultater. Ved at indtage en mere optimistisk og selvmedfølende tankegang kan vi begynde at bryde den onde cirkel af selvtillid.

Selvmedfølelse og selvaccept er også afgørende for at overvinde selvtvivlen. Vi skal minde os selv om, at det er acceptabelt at begå fejl, og at fiasko er en normal del af læringsprocessen. Ved at acceptere vores fejl og behandle os selv med medfølelse og forståelse kan vi øge vores selvsikkerhed og mindske vores tvivl på os selv.

Derudover kan det være utroligt gavnligt at søge hjælp hos andre til at overvinde selvtvivlen. At tale med betroede kolleger, familiemedlemmer eller en terapeut kan hjælpe os med at få et nyt perspektiv og udfordre vores negative tanker. De kan give opmuntring og støtte, fremhæve vores styrker og hjælpe os med at erkende vores potentiale.

Konklusionen er, at overtænkning og selvtillid er tæt sammenflettede, gensidigt forstærkende og opretholder en cyklus, der er svær at bryde. Ved at udfordre negative tanker, praktisere selvaccept og selvmedfølelse og bede om støtte fra andre kan vi overvinde selvtvivlen og opdyrke et mere selvsikkert og optimistisk syn på tingene. Det er en rejse, der kræver styrke og selvrefleksion, men med udholdenhed kan vi undslippe de overdrevne tankers og selvtvivlens greb.

4.2 At genkende perfektionistiske tendenser

Perfektionisme er et almindeligt træk, som mange mennesker kæmper med, og som ofte fører til selvtvivl og en konstant følelse af aldrig at være god nok. I dette afsnit vil vi udforske tegnene på og kendetegnene ved perfektionistiske tendenser og hjælpe dig med at genkende og forstå denne tankegang i dig selv.

En af de vigtigste indikatorer på perfektionisme er, at man sætter alt for høje standarder for sig selv. Perfektionister har ofte en alt-eller-intet-mentalitet og tror, at alt andet end perfektion er en fiasko. De kan konstant stræbe efter fejlfrihed i deres arbejde, forhold og personlige fremtoning, ofte på bekostning af deres mentale og følelsesmæssige velbefindende.

Perfektionister har også en tendens til at være meget selvkritiske. De er deres egne hårdeste kritikere, der konstant gransker alt, hvad de foretager sig, og skælder ud på sig selv for eventuelle fejl eller mangler. Denne selvkritik kan være ubarmhjertig og kan føre til en følelse af utilstrækkelighed og lavt selvværd.

Et andet kendetegn ved perfektionistiske tendenser er en intens frygt for at fejle. Perfektionister undgår måske at tage chancer eller prøve nye ting, fordi de er bange for at begå fejl eller ikke leve op til deres egne ufatteligt høje standarder. Denne frygt for at fejle kan være lammende og kan forhindre personer i fuldt ud at udnytte mulighederne for vækst og personlig udvikling.

Perfektionister kæmper ofte med at acceptere og omfavne ufuldkommenheder. De kan have svært ved at anerkende og fejre deres resultater, fordi de altid er fokuserede på, hvad der kunne være gjort bedre. Denne konstante stræben efter perfektion kan være udmattende og kan forhindre personer i at opleve ægte tilfredshed og glæde i deres liv.

At erkende perfektionistiske tendenser er det første skridt mod at overvinde selvtvivl og perfektionisme. Ved at blive opmærksom på disse tanke- og adfærdsmønstre kan du begynde at udfordre og omforme dit tankesæt. Husk, at perfektion er et uopnåeligt mål, og at ægte vækst og tilfredsstillelse kommer fra at omfavne ufuldkommenheder og lære af fejl.

I det næste afsnit vil vi udforske strategier og teknikker til at omfavne ufuldkommenhed og dyrke selvaccept. Ved at give slip på behovet for perfektion og omfavne dit autentiske selv kan du begynde at overvinde selvtvivlen og leve et mere tilfredsstillende og afbalanceret liv.

4.3 Omfavnelse af ufuldkommenhed og selvaccept

I en verden, der ofte værdsætter perfektion og fejlfri præstationer, kan det være en udfordring at omfavne ufuldkommenhed og praktisere selvaccept. Men at give slip på behovet for at være perfekt og acceptere os selv, som vi er, er afgørende for at overvinde selvtvivl og perfektionisme.

Perfektionisme er ofte drevet af frygt for at fejle og ønsket om at leve op til urealistiske standarder. Det kan føre til konstant selvkritik, angst og en uendelig cyklus af stræben efter uopnåelig perfektion. At omfavne ufuldkommenhed betyder at anerkende, at vi er mennesker, og at det er en naturlig del af livet at begå fejl.

En måde at omfavne ufuldkommenhed på er ved at omformulere vores perspektiv på fiasko. I stedet for at se fiasko som en afspejling af vores værd eller evner, kan vi se det som en mulighed for vækst og læring. Ved at ændre vores tankegang kan vi nærme os udfordringer med nysgerrighed og modstandsdygtighed, vel vidende at tilbageslag er springbræt til succes.

Selvaccept er tæt forbundet med at omfavne ufuldkommenhed. Det indebærer at anerkende og omfavne alle aspekter af os selv, inklusive vores fejl og sårbarheder. Det betyder, at vi anerkender, at vi er værdige til kærlighed og accept, uanset vores oplevede mangler.

At praktisere selvmedfølelse er et stærkt værktøj til at dyrke selvaccept. Det indebærer, at vi behandler os selv med venlighed, forståelse og tilgivelse, især når vi tvivler på os selv, eller når vi begår fejl. Ved at give os selv den samme medfølelse, som vi ville give en ven, kan vi bryde ud af selvkritikkens cyklus og fremme en følelse af selvværd.

En anden måde at omfavne ufuldkommenhed og selvaccept på er ved at udfordre vores indre kritiker. Ofte næres vores indre kritiker af urealistiske forventninger og sammenligninger med andre. Ved at sætte spørgsmålstegn ved gyldigheden af vores selvkritiske tanker og erstatte dem med mere realistiske og medfølende tanker kan vi begynde at opdyrke selvaccept.

Det er vigtigt at huske, at det er en rejse at omfavne ufuldkommenhed og praktisere selvaccept. Det tager tid og kræfter at aflære dybt indgroede mønstre af selvtillid og perfektionisme. Men ved at forpligte os til denne proces og være blide over for os selv undervejs kan vi gradvist give slip på behovet for perfektion og omfavne vores autentiske selv.

Konklusionen er, at det at omfavne ufuldkommenhed og praktisere selvaccept er vigtige skridt til at overvinde selvtvivl og perfektionisme. Ved at omformulere vores syn på fiasko, praktisere selvmedfølelse, udfordre vores indre kritiker og anerkende, at vi er værdige til kærlighed og accept, kan vi bryde ud af selvtvivlens cyklus og opdyrke et sundere forhold til os selv. Husk, at ufuldkommenhed er det, der gør os til mennesker, og at selvaccept er nøglen til at frigøre vores sande potentiale.

4.4 Opstilling af realistiske mål og forventninger

At sætte sig realistiske mål og forventninger er afgørende, når det gælder om at overvinde selvtillid og perfektionisme. Ofte sætter personer, der kæmper med disse tendenser, ufatteligt høje standarder for sig selv, hvilket fører til konstante skuffelser og en uendelig cyklus af selvkritik. Ved at lære at sætte realistiske mål og forventninger kan du bryde ud af denne cyklus og opdyrke et sundere tankesæt.

Et vigtigt aspekt af at sætte sig realistiske mål er at forstå sine begrænsninger og evner. Det er vigtigt at erkende, at du er et menneske, og at perfektion er uopnåelig. I stedet for at stræbe efter perfektion skal du fokusere på fremskridt og forbedringer. Sæt mål, der er udfordrende, men opnåelige, under hensyntagen til dine nuværende færdigheder og ressourcer.

Når du sætter dig mål, er det også vigtigt at overveje den tid og indsats, der kræves for at nå dem. Vær realistisk med hensyn til, hvor meget tid og energi du kan bruge på et bestemt mål. Urealistiske forventninger kan føre til udbrændthed og frustration. Del større mål op i mindre, håndterbare opgaver, og sæt realistiske deadlines for hvert trin.

Et andet vigtigt aspekt ved at sætte realistiske mål er at tilpasse dem til dine værdier og prioriteter. Tænk over, hvad der virkelig betyder noget for dig, og hvad du ønsker at opnå i det lange løb. Det vil hjælpe dig med at sætte mål, der er meningsfulde og i overensstemmelse med dit autentiske jeg. Når dine mål er i overensstemmelse med dine værdier, er der større sandsynlighed for, at du forbliver motiveret og engageret i at nå dem.

Det er også vigtigt at være fleksibel og tilpasningsdygtig, når det handler om at sætte sig mål. Livet er uforudsigeligt, og omstændighederne kan ændre sig undervejs. Vær åben over for at justere dine mål og forventninger efter behov. Det betyder ikke, at du skal give op eller nøjes med mindre, men at du skal være realistisk og tilpasningsdygtig over for udfordringer eller nye muligheder.

Endelig skal du fejre dine fremskridt og resultater undervejs. Anerkend og værdsæt den indsats, du gør for at nå dine mål, også selv om de endnu ikke er helt realiserede. Ved at anerkende dine præstationer opbygger du selvtillid og forstærker en positiv tankegang. Husk, at det at sætte realistiske mål ikke handler om at sænke dine standarder, men om at sætte dig selv op til succes og personlig vækst.

Konklusionen er, at det at sætte realistiske mål og forventninger er et afgørende skridt til at overvinde selvtillid og perfektionisme. Ved at forstå dine begrænsninger, overveje den tid og indsats, der kræves, tilpasse dine mål til dine værdier, være fleksibel og fejre dine fremskridt, kan du bryde ud af selvkritikkens cyklus og opdyrke et sundere tankesæt. Omfavn rejsen med fremskridt og forbedringer, og husk, at det er okay at være ufuldkommen.

4.5 Øvelse i selvmedfølelse og tilgivelse

På rejsen mod at overvinde selvtillid og perfektionisme er selvmedfølelse og tilgivelse et stærkt værktøj, vi kan bruge. Ofte er vi vores egne hårdeste kritikere, der konstant bebrejder os selv, at vi ikke lever op til umuligt høje standarder eller begår fejl undervejs. Denne selvkritik giver kun næring til vores tvivl på os selv og fortsætter perfektionismens cyklus.

At praktisere selvmedfølelse indebærer at behandle os selv med den samme venlighed, forståelse og empati, som vi ville udvise over for en nær ven eller en elsket. Det betyder, at vi anerkender vores ufuldkommenheder og fejl uden at dømme eller fordømme os selv. I stedet for at bebrejde os selv for det, vi opfatter som fejl, kan vi vælge at vise os selv medfølelse og forståelse.

Tilgivelse er et andet vigtigt aspekt af at overvinde selvtillid og perfektionisme. Ofte holder vi fast i fortidens fejltagelser eller oplevede mangler og lader dem definere vores selvværd og give næring til vores tvivl på os selv. Men tilgivelse giver os mulighed for at slippe byrden af disse tidligere oplevelser og komme videre med en følelse af frihed og selvaccept.

For at praktisere selvmedfølelse og tilgivelse er det vigtigt at dyrke selvbevidsthed og mindfulness. Det indebærer, at vi er opmærksomme på vores tanker og følelser uden at dømme, og at vi erkender, når vi er overdrevent kritiske eller utilgivende over for os selv. Ved at blive opmærksomme på disse mønstre kan vi bevidst vælge at reagere med selvmedfølelse og tilgivelse i stedet.

En nyttig teknik til at praktisere selvmedfølelse er at forestille sig, hvad vi ville sige til en nær ven, der går igennem en lignende situation. Derefter kan vi tilbyde os selv de samme ord af venlighed, opmuntring og støtte. Det hjælper os med at skifte perspektiv og behandle os selv med den samme medfølelse, som vi ville vise andre.

Tilgivelse indebærer på den anden side at give slip på bitterhed, vrede og skyld over for os selv. Det er vigtigt at huske, at vi alle er mennesker, og at vi er nødt til at begå fejl. Ved at tilgive os selv anerkender vi vores menneskelighed og giver os selv mulighed for at lære og vokse af vores erfaringer.

Det er ikke altid let at praktisere selvmedfølelse og tilgivelse, især hvis vi er blevet opdraget til at være selvkritiske eller holde fast i fortidens fejltagelser.

Men med tålmodighed og vedholdenhed kan vi gradvist opdyrke en mere medfølende og tilgivende tankegang over for os selv.

Ved at praktisere selvmedfølelse og tilgivelse kan vi frigøre os fra selvtvivlens og perfektionismens greb. Vi kan lære at omfavne vores ufuldkommenheder, fejre vores succeser og behandle os selv med den venlighed og forståelse, vi fortjener. Husk, at du er værdig til selvmedfølelse og tilgivelse, lige så meget som alle andre.

Kapitel 5 Strategier for effektiv beslutningstagning

I dette kapitel vil vi udforske fem effektive strategier til at træffe effektive beslutninger. Beslutningstagning kan ofte føles overvældende, især for dem, der er tilbøjelige til at tænke for meget. Men ved at forstå analysens lammelse og identificere vores beslutningsstile kan vi navigere i beslutningsprocessen med selvtillid og klarhed. Vi vil dykke ned i teknikker til at indsamle og evaluere information, stole på vores intuition og håndtere fortrydelse af beslutninger. Ved at implementere disse strategier kan vi træffe beslutninger, der er i overensstemmelse med vores værdier og mål, hvilket fører til et mere tilfredsstillende og meningsfuldt liv. Så lad os dykke ned i det og finde ud af, hvordan vi træffer beslutninger med selvtillid og lethed.

5.1 Analysens lammelse

Når man står over for vigtige beslutninger, er det almindeligt, at man falder i fælden og overanalyserer og overtænker. Dette fænomen, der er kendt som analyselammelse, kan hindre effektiv beslutningstagning og føre til følelser af stress og ubeslutsomhed.

Analyselammelse opstår, når personer bliver overvældet af den overflod af information og muligheder, de har til rådighed. De kan bruge uforholdsmæssigt meget tid på at indsamle data, veje fordele og ulemper og overveje alle mulige udfald. Det kan resultere i en tilstand af analyselammelse, hvor man ikke er i stand til at træffe en beslutning på grund af frygt for at træffe det forkerte valg.

En af hovedårsagerne til, at analyselammelse opstår, er ønsket om perfektion. Folk føler ofte et behov for at træffe den perfekte beslutning og frygter, at enhver fejl eller fiasko vil få alvorlige konsekvenser. Denne frygt kan være lammende og forhindre folk i at foretage sig noget som helst.

For at overvinde analysens lammelse er det vigtigt at erkende, at der ikke er noget, der hedder en perfekt beslutning. Hvert valg kommer med sit eget sæt af risici og usikkerheder. I stedet for at stræbe efter perfektion skal du fokusere på at træffe en beslutning, der er i overensstemmelse med dine værdier, mål og prioriteter.

En anden strategi til at bekæmpe analyselammelse er at sætte en deadline for beslutningstagningen. Ved at indføre en tidsgrænse tvinger du dig selv til at træffe et valg inden for en rimelig tidsramme. Det kan hjælpe med at forhindre overdreven grublen og give dig mulighed for at komme videre med selvtillid.

Derudover kan det være nyttigt at begrænse mængden af information, du indsamler. Selv om det er vigtigt at være informeret, kan for meget information føre til beslutningstræthed og overvældelse. Identificer de nøglefaktorer, der er mest relevante for din beslutning, og fokuser på at indsamle information om disse faktorer.

At stole på sin intuition er et andet værdifuldt redskab til at overvinde analysens lammelse. Din mavefornemmelse kan ofte give dig værdifuld indsigt og lede dig frem til den rigtige beslutning. Lær at lytte til din intuition og stol på dine instinkter, selv om de går imod konventionel visdom eller logisk ræsonnement.

Endelig er det vigtigt at huske, at beslutningstagning er en færdighed, der kan udvikles og forbedres over tid. Omfavn læringsprocessen, og vær åben over for at begå fejl. Enhver beslutning, uanset om den viser sig at være den rigtige eller ej, giver mulighed for vækst og læring.

Ved at forstå analysens lammelse og implementere disse strategier kan du overvinde ubeslutsomhed og træffe effektive beslutninger med selvtillid. Husk, at målet ikke er at træffe den perfekte beslutning, men snarere at træffe en beslutning, der er i overensstemmelse med dine værdier og bringer dig tættere på dine mål.

5.2 Identificering af beslutningstagningsstile

For at kunne træffe effektive beslutninger er det vigtigt at forstå sin egen beslutningsstil. Hver enkelt person har en unik tilgang til beslutningstagning, som er påvirket af deres personlighed, erfaringer og værdier. Ved at identificere din beslutningsstil kan du få indsigt i dine styrker og svagheder i beslutningsprocessen.

En almindelig beslutningsstil er den analytiske stil. Personer med denne stil har en tendens til at indsamle så meget information som muligt, før de træffer en beslutning. De analyserer omhyggeligt fordele og ulemper, afvejer de potentielle resultater og overvejer alle tilgængelige muligheder. Denne stil er kendetegnet ved en logisk og systematisk tilgang til beslutningstagning.

På den anden side har nogle personer en intuitiv beslutningsstil. Disse personer stoler på deres mavefornemmelser og instinkter, når de træffer beslutninger. De stoler på deres intuition og træffer ofte hurtige beslutninger baseret på deres instinkter. Denne stil er kendetegnet ved, at man stoler på sin intuition og er villig til at tage risici.

En anden beslutningsstil er den samarbejdende stil. Personer med denne stil foretrækker at inddrage andre i beslutningsprocessen. De søger input og meninger fra andre, værdsætter konsensus og stræber efter at træffe beslutninger, der er inkluderende og tager hensyn til forskellige perspektiver. Denne stil er kendetegnet ved en samarbejds- og teamorienteret tilgang til beslutningstagning.

Nogle personer har en beslutsom beslutningsstil. Disse personer har tillid til deres beslutningsevner og har tendens til at træffe beslutninger hurtigt og selvsikkert. De stoler på deres egen dømmekraft og lader sig ikke så let påvirke af andres meninger. Denne stil er kendetegnet ved en beslutsom og selvhævdende tilgang til beslutningstagning.

Endelig er der den forsigtige beslutningsstil. Personer med denne stil er risikoaverse og foretrækker at tage sig god tid, når de træffer beslutninger. De overvejer nøje alle mulige udfald og potentielle risici, før de træffer en beslutning. Denne stil er kendetegnet ved en forsigtig og velovervejet tilgang til beslutningstagning.

At identificere din beslutningsstil kan hjælpe dig med at forstå dine naturlige tendenser og præferencer, når det handler om at træffe beslutninger. Det kan også hjælpe dig med at genkende eventuelle fordomme eller begrænsninger, der kan påvirke din beslutningsproces. Ved at forstå din beslutningsstil kan du træffe mere informerede beslutninger og tilpasse din tilgang efter behov.

5.3 Indsamling og evaluering af information

Når det handler om at træffe effektive beslutninger, er indsamling og evaluering af information et afgørende skridt. Uden ordentlig information bliver det svært at vurdere de potentielle resultater og træffe et informeret valg. I dette afsnit vil vi udforske forskellige teknikker og strategier, der kan hjælpe dig med at indsamle og evaluere information effektivt.

Et af de første skridt i indsamlingen af information er at identificere pålidelige kilder. Det er vigtigt at opsøge troværdige og pålidelige kilder, der giver nøjagtige og opdaterede oplysninger. Det kan være bøger, forskningsartikler, velrenommerede hjemmesider og ekspertudtalelser. Ved at stole på pålidelige kilder kan du sikre, at de oplysninger, du indsamler, er nøjagtige og pålidelige.

Når du har identificeret kilderne, er det vigtigt at indsamle en bred vifte af information. Det betyder, at du skal overveje forskellige perspektiver, meninger og synspunkter. Ved at indsamle forskellige oplysninger kan du få en omfattende forståelse af det aktuelle emne og træffe en mere informeret beslutning. Det er også vigtigt at overveje både kvalitative og kvantitative data, da de kan give forskellige indsigter og perspektiver.

Når man har indsamlet oplysningerne, er næste skridt at vurdere deres troværdighed og relevans. Det indebærer en kritisk analyse af oplysningerne og en vurdering af deres pålidelighed, nøjagtighed og bias. Det er vigtigt at overveje kildens omdømme, den metode, der er brugt til at indsamle oplysningerne, og eventuelle interessekonflikter. Ved at evaluere informationens troværdighed kan du sikre dig, at du baserer din beslutning på pålidelige og nøjagtige data.

Ud over at vurdere troværdigheden er det også vigtigt at vurdere informationens relevans for din specifikke beslutning. Det er ikke sikkert, at alle oplysninger er anvendelige eller nyttige i netop din situation. Det er vigtigt at overveje, om oplysningerne stemmer overens med dine mål, værdier og prioriteter. Ved at fokusere på relevant information kan du undgå at blive overvældet af unødvendige data og træffe en mere fokuseret beslutning.

Et andet vigtigt aspekt af at indsamle og evaluere information er at overveje de potentielle bias og begrænsninger. Alle informationskilder har deres egne fordomme og begrænsninger, og det er vigtigt at være opmærksom på dem. Det kan være fordomme baseret på forfatterens baggrund, den anvendte metode eller formålet med informationen. Ved at være opmærksom på disse fordomme kan du analysere oplysningerne kritisk og træffe en mere objektiv beslutning.

Til sidst er det vigtigt at organisere og sammenfatte de indsamlede oplysninger. Det indebærer at opsummere de vigtigste resultater, identificere mønstre og tendenser og fremhæve de vigtigste oplysninger. Ved at organisere oplysningerne på en klar og præcis måde kan du nemt sammenligne og kontrastere forskellige muligheder og træffe en mere informeret beslutning.

Konklusionen er, at indsamling og evaluering af information er et afgørende skridt i effektiv beslutningstagning. Ved at identificere pålidelige kilder, indsamle forskellig information, evaluere troværdighed og relevans, overveje bias og begrænsninger og organisere informationen kan du træffe mere informerede og sikre beslutninger. Husk, at kvaliteten af din beslutning afhænger af kvaliteten af den information, du indsamler og evaluerer.

5.4 Stol på din intuition

At stole på sin intuition er et afgørende aspekt af effektiv beslutningstagning. Intuition beskrives ofte som en mavefornemmelse eller en følelse af at vide noget uden bevidst ræsonnement. Det er den indre stemme, der guider os, når vi står over for valg eller dilemmaer. Selv om den kan virke abstrakt eller upålidelig, kan intuitionen være et værdifuldt værktøj i beslutningsprocessen.

En af grundene til, at det er vigtigt at stole på sin intuition, er, at den tapper ind i underbevidsthedens viden og erfaringer. Vores sind bearbejder konstant information, selv når vi ikke er bevidste om det. Intuitionen trækker på denne rigdom af viden og præsenterer den for os i form af en følelse eller et instinkt. Den kan give os indsigter og perspektiver, som måske ikke er umiddelbart synlige gennem logisk analyse.

Ved at stole på din intuition får du også adgang til dine følelser og værdier. Nogle gange kan beslutninger ikke træffes udelukkende baseret på rationalitet eller logik. Følelser og værdier spiller en væsentlig rolle i udformningen af vores ønsker og prioriteter. Ved at lytte til din intuition anerkender du betydningen af disse faktorer i beslutningsprocessen. Det kan hjælpe dig med at tilpasse dine valg til dine kerneværdier og ønsker, hvilket fører til mere autentiske og tilfredsstillende resultater.

Det er dog vigtigt at bemærke, at intuition ikke bør være det eneste grundlag for beslutningstagning. Den skal bruges sammen med andre strategier og teknikker til informationsindsamling. Intuition kan give værdifuld indsigt, men den er ikke ufejlbarlig. Det er vigtigt at afbalancere den med kritisk tænkning og analyse for at sikre en velafrundet beslutningsproces.

For at stole på din intuition er det afgørende at dyrke selvbevidsthed og mindfulness. Vær opmærksom på dine tanker, følelser og kropslige fornemmelser, når du står over for en beslutning. Læg mærke til eventuelle subtile signaler, der måtte opstå. Øv dig i at tune ind på din intuition ved at tage øjeblikke med stille refleksion eller meditation. Det kan hjælpe dig med at udvikle en dybere forbindelse til din indre visdom og styrke din evne til at stole på din intuition.

En anden måde at opbygge tillid til din intuition på er at reflektere over tidligere oplevelser, hvor din intuition har guidet dig med succes. Genkald dig tilfælde, hvor du fulgte din mavefornemmelse, og det førte til positive resultater. Ved at anerkende og fejre disse succeser kan du opbygge tillid til dine intuitive evner.

Det er også vigtigt at skelne mellem intuition og frygt eller forudindtagethed. Nogle gange kan vores frygt eller fordomme give sig ud for at være intuition og føre os på afveje. Tag dig tid til at undersøge dine motiver og enhver underliggende frygt eller forudindtagethed, som kan påvirke din beslutningsproces. Denne selvrefleksion kan hjælpe dig med at skelne mellem ægte intuition og andre faktorer, der kan sløre din dømmekraft.

At stole på sin intuition er en færdighed, der kan udvikles og finpudses over tid. Det kræver øvelse, selvbevidsthed og en vilje til at acceptere usikkerhed. Ved at inddrage intuitionen i din beslutningsproces kan du udnytte din indre visdom og træffe valg, der er i overensstemmelse med dine værdier og ambitioner. Husk, at intuition er et værdifuldt værktøj, men det skal bruges sammen med andre strategier for at sikre effektiv beslutningstagning.

5.5 At træffe beslutninger med selvtillid

At træffe beslutninger kan være en skræmmende opgave, især for dem, der har tendens til at tænke for meget. Frygten for at træffe det forkerte valg eller stå over for potentielle konsekvenser kan ofte føre til ubeslutsomhed og manglende selvtillid. Det er dog vigtigt at huske, at beslutningstagning er en færdighed, der kan udvikles og forbedres over tid. I dette afsnit vil vi udforske strategier, der kan hjælpe dig med at træffe beslutninger med selvtillid.

En effektiv strategi er at indsamle og evaluere information. Før man træffer en beslutning, er det vigtigt at indsamle alle relevante oplysninger og fakta. Det kan indebære at lave research, søge råd hos eksperter eller konsultere pålidelige kilder. Ved at have en omfattende forståelse af situationen kan du træffe en mere informeret beslutning og føle dig mere sikker på dit valg.

At stole på sin intuition er en anden værdifuld strategi. Intuition er din indre stemme eller mavefornemmelse, som kan guide dig til at træffe den rigtige beslutning. Selv om den ikke altid er logisk eller rationel, er intuitionen ofte baseret på din underbevidste bearbejdning af information og tidligere erfaringer. Ved at lære at stole på din intuition kan du udnytte din medfødte visdom og træffe beslutninger med større selvtillid.

At træffe beslutninger med selvtillid kræver også, at man kan styre sine følelser. Følelser kan sløre din dømmekraft og føre til impulsive eller irrationelle beslutninger. Det er vigtigt at træde et skridt tilbage og vurdere dine følelser, før du træffer et valg. Øv dig i selvindsigt, og identificer eventuelle fordomme eller følelsesmæssige bindinger, der kan påvirke din beslutningsproces. Ved at anerkende og styre dine følelser kan du træffe beslutninger baseret på logik og fornuft, hvilket øger din tillid til resultatet.

At søge råd og feedback fra andre kan også øge din selvtillid, når du skal træffe beslutninger. At rådføre sig med betroede venner, mentorer eller fagfolk kan give værdifuld indsigt og perspektiver, som du måske har overset. Ved at overveje forskellige synspunkter kan du få en mere afrundet forståelse af situationen og træffe en mere sikker beslutning.

Endelig er det vigtigt at huske, at ingen beslutning er perfekt. At acceptere, at der altid er en vis usikkerhed og risiko involveret, kan hjælpe med at lette presset for at træffe den "perfekte" beslutning. Fokuser i stedet på at træffe den bedste beslutning baseret på de oplysninger og ressourcer, du har til rådighed på det pågældende tidspunkt. Stol på din evne til at tilpasse dig og håndtere eventuelle udfordringer, der måtte opstå som følge af din beslutning.

Konklusionen er, at det at træffe beslutninger med selvtillid er en færdighed, der kan udvikles gennem øvelse og selvbevidsthed. Ved at indsamle og evaluere information, stole på din intuition, styre dine følelser, søge råd og acceptere ufuldkommenhed kan du træffe beslutninger med større selvtillid. Husk, at beslutningstagning er en proces, og at hver beslutning er en mulighed for vækst og læring.

5.6 Håndtering af fortrydelse af beslutninger

At træffe beslutninger kan være en udfordrende opgave, og nogle gange fortryder vi måske de valg, vi har truffet. At fortryde en beslutning er en almindelig oplevelse, der kan føre til følelser af skuffelse, selvtillid og endda angst. Det er dog vigtigt at huske, at fortrydelse er en naturlig del af beslutningsprocessen og kan give værdifuld læring til fremtidige valg.

En måde at håndtere beslutningsfortrydelse på er at reflektere over de faktorer, der påvirkede din beslutning. Overvej de oplysninger, du havde på det tidspunkt, de muligheder, du havde til rådighed, og de mål, du forsøgte at nå. Ved at forstå den sammenhæng, hvori beslutningen blev truffet, kan du få indsigt i, hvorfor du traf det valg, du gjorde.

Det er også nyttigt at erkende, at bagklogskaben ofte kan forvrænge vores opfattelse af beslutningsprocessen. Hindsight bias refererer til tendensen til at tro, at vi kunne have forudsagt resultatet af en beslutning, selv når det ikke var muligt at gøre det. Hvis man anerkender denne bias, kan man undgå at bebrejde sig selv for meget for udfaldet af en beslutning.

En anden strategi til at håndtere fortrydelse af beslutninger er at fokusere på, hvad man kan lære af oplevelsen. Enhver beslutning, uanset om den falder godt ud eller ej, giver mulighed for vækst og læring. Reflektér over, hvad du har fået ud af beslutningen, f.eks. ny viden, færdigheder eller indsigt. Ved at omformulere oplevelsen som en læringsmulighed kan du skifte perspektiv og finde værdi i beslutningen, uanset udfaldet.

Det kan også være nyttigt at praktisere selvmedfølelse, når man fortryder en beslutning. Behandl dig selv med venlighed og forståelse i erkendelse af, at alle begår fejl og står over for udfordringer, når de træffer beslutninger. Undgå hårde selvdomme og tilbyd i stedet dig selv støtte og opmuntring. Husk, at fortrydelse er en normal menneskelig følelse og ikke definerer dit værd eller dine evner.

Hvis du oplever, at det at fortryde en beslutning har stor indflydelse på dit velbefindende eller din evne til at komme videre, kan det være en fordel at søge støtte hos en betroet ven, et familiemedlem eller en professionel. At tale om dine følelser og bekymringer kan give et nyt perspektiv og hjælpe dig med at få klarhed over, hvordan du skal navigere i situationen.

Konklusionen er, at det at fortryde en beslutning er en almindelig oplevelse, der kan opstå som følge af de valg, vi træffer. Ved at reflektere over de faktorer, der påvirkede vores beslutninger, anerkende bagklogskabens rolle, fokusere på de erfaringer, vi har gjort, praktisere selvmedfølelse og søge støtte, når det er nødvendigt, kan vi effektivt håndtere fortrydelse af beslutninger og fortsætte med at træffe effektive valg i fremtiden. Husk, at enhver beslutning er en mulighed for vækst og læring, og at fortrydelse ikke definerer vores evner eller værdi.

6 At opdyrke et væksttankegang

I dette kapitel vil vi udforske begrebet at dyrke et vækstmindset og dets betydning for at overvinde overtænkning. En væksttankegang er troen på, at vores evner og intelligens kan udvikles gennem dedikation, indsats og en vilje til at lære af fejl. Ved at anlægge en væksttankegang kan vi frigøre os fra selvtvivlens begrænsninger og se udfordringer som muligheder for vækst. I dette kapitel vil vi dykke ned i strategier til at tage imod udfordringer, udvikle modstandskraft og opdyrke en positiv holdning til læring. Ved slutningen af dette kapitel vil du have de værktøjer og det mindset, der skal til for at overvinde frygten for at begå fejl og tage hul på en rejse med kontinuerlig personlig vækst.

6.1 Forstå Fixed og Growth Mindsets

For at kunne dyrke et growth mindset er det vigtigt først at forstå forskellen mellem et fixed mindset og et growth mindset.

Et fastlåst tankesæt er kendetegnet ved troen på, at vores evner og intelligens er faste karaktertræk, som ikke kan ændres. Mennesker med et fastlåst tankesæt har en tendens til at undgå udfordringer, giver let op over for forhindringer og ser fiasko som en afspejling af deres iboende evner. De søger ofte bekræftelse og undgår at tage risici, der kan føre til fiasko eller kritik. Dette tankesæt kan begrænse personlig vækst og hindre udviklingen af nye færdigheder og evner.

På den anden side er et vækstmindset troen på, at vores evner og intelligens kan udvikles gennem indsats, øvelse og læring. Mennesker med en væksttankegang omfavner udfordringer, er vedholdende i forhold til tilbageslag og ser fiasko som en mulighed for vækst og læring. De motiveres af læringsprocessen og er ikke bange for at tage chancer eller begå fejl. Denne tankegang fremmer modstandsdygtighed, udholdenhed og et ønske om løbende forbedringer.

Det er vigtigt at forstå forskellen mellem disse to tankesæt, fordi det giver os mulighed for at genkende og udfordre vores egne tendenser til et fastlåst tankesæt. Ved at blive opmærksomme på vores fastlåste overbevisninger kan vi aktivt arbejde på at få et vækstbaseret tankesæt og høste de fordele, der følger med.

En måde at opdyrke et vækstmindset på er at udfordre vores forestillinger om intelligens og evner. I stedet for at se dem som faste egenskaber kan vi begynde at se dem som kvaliteter, der kan udvikles og forbedres. Dette perspektivskifte giver os mulighed for at se udfordringer og tilbageslag som muligheder for vækst i stedet for som indikatorer på vores begrænsninger.

Et andet vigtigt aspekt af at kultivere en væksttankegang er at omfavne kraften i indsats og udholdenhed. Når vi erkender, at succes ikke kun afhænger af medfødt talent, men også af hårdt arbejde og dedikation, kan det motivere os til at gøre den nødvendige indsats for at nå vores mål. Ved at anlægge en væksttankegang kan vi udvikle en følelse af modstandskraft og vedholdenhed, der gør os i stand til at overvinde forhindringer og opnå større succes.

Det er også vigtigt at omgive sig med personer, der har en væksttankegang. Ved at være i selskab med mennesker, der tror på styrken i vækst og læring, kan vi blive inspireret og motiveret til at indtage et lignende tankesæt. At deltage i samtaler og aktiviteter, der fremmer vækst og læring, kan yderligere forstærke vores egen væksttankegang.

Kort sagt er det vigtigt at forstå forskellen mellem et fastlåst tankesæt og et væksttænkende tankesæt for at kunne dyrke et væksttænkende tankesæt. Ved at udfordre vores fixed mindset-overbevisninger, omfavne kraften i indsats og udholdenhed og omgive os med personer, der har et growth mindset, kan vi udvikle et mindset, der fremmer personlig vækst, modstandsdygtighed og et ønske om kontinuerlig forbedring.

6.2 At tage imod udfordringer og lære af fejl

For at opdyrke et vækstmindset er det vigtigt at tage imod udfordringer og se dem som muligheder for vækst og læring. Mange mennesker har en tendens til at vige tilbage for udfordringer af frygt for at fejle eller det ubehag, der følger med at træde uden for deres komfortzone. Men ved at omformulere vores perspektiv og forstå værdien af udfordringer kan vi frigøre vores fulde potentiale og udvikle modstandskraft.

Udfordringer giver os mulighed for at strække os og overskride vores grænser. De giver os mulighed for at opdage nye færdigheder, talenter og styrker, som vi måske ikke vidste, vi havde. Når vi tager imod udfordringer, åbner vi os for nye oplevelser og muligheder, som kan føre til personlig og professionel vækst.

Det er vigtigt at huske, at fiasko ikke er en afspejling af vores værd eller evner. I stedet er det en mulighed for at lære og forbedre sig. Når vi oplever en fiasko, bør vi gå til den med nysgerrighed og vilje til at forstå, hvad der gik galt. Ved at analysere vores fejl og identificere områder, hvor vi kan forbedre os, kan vi gøre fiasko til en værdifuld læringsoplevelse.

En måde at tage imod udfordringer på og lære af fiaskoer er at indtage en væksttankegang. Denne tankegang er kendetegnet ved troen på, at vores evner og intelligens kan udvikles gennem dedikation og hårdt arbejde. Med en væksttankegang ser vi udfordringer som muligheder for at lære og forbedre os, snarere end som trusler mod vores selvværd.

Når man står over for en udfordring, kan det være nyttigt at dele den op i mindre, mere håndterbare opgaver. Det giver os mulighed for at tage udfordringen op trin for trin, hvilket gør den mindre overvældende. Ved at sætte realistiske mål og fokusere på processen frem for resultatet kan vi bevare et positivt mindset og forblive motiverede.

Det er også vigtigt at søge feedback og vejledning fra andre, når man står over for udfordringer. Ved at søge input fra mentorer, trænere eller betroede venner kan vi få værdifuld indsigt og perspektiver, der kan hjælpe os med at navigere gennem vanskelige situationer. Derudover kan det at omgive sig med et støttende netværk af personer, der tror på vores potentiale, give den opmuntring og motivation, der er nødvendig for at overvinde udfordringer.

Konklusionen er, at det at tage imod udfordringer og lære af fiaskoer er et afgørende aspekt af at dyrke et vækstmindset. Ved at omformulere vores perspektiv og se udfordringer som muligheder for vækst kan vi frigøre vores fulde potentiale og udvikle modstandsdygtighed. Husk, at fiasko ikke er en afspejling af vores værd, men snarere et springbræt til succes. Så tag imod udfordringer, lær af fiaskoer, og fortsæt med at vokse og udvikle dig som individ.

6.3 Udvikling af modstandskraft og vedholdenhed

At udvikle modstandsdygtighed og vedholdenhed er afgørende for at dyrke et vækstmindset. Modstandsdygtighed er evnen til at komme tilbage efter tilbageslag og udfordringer, mens vedholdenhed er viljen til at fortsætte på trods af forhindringer. Begge kvaliteter er afgørende for personlig vækst og for at opnå succes i forskellige aspekter af livet.

For at udvikle modstandskraft er det vigtigt at se fejl og tilbageslag som muligheder for læring og vækst. I stedet for at se dem som indikatorer på personlig utilstrækkelighed, skal du se dem som springbræt til forbedring. Omfavn den tankegang, at fiasko ikke er en permanent tilstand, men snarere et midlertidigt tilbageslag, der kan overvindes med udholdenhed og en positiv holdning.

En måde at opbygge modstandskraft på er ved at praktisere selvmedfølelse. Behandl dig selv med venlighed og forståelse, når du står over for vanskeligheder. Anerkend, at alle begår fejl og oplever tilbageslag, og at det er en naturlig del af læringsprocessen. Ved at være blid ved dig selv og udøve selvomsorg kan du hurtigere komme dig over udfordringer og bevare et positivt syn på tingene.

Et andet vigtigt aspekt af at udvikle modstandskraft er at opdyrke et støttesystem. Omgiv dig med mennesker, der opløfter og opmuntrer dig. Opsøg mentorer, venner eller familiemedlemmer, som kan give dig vejledning og støtte i udfordrende tider. Et stærkt støttenetværk kan hjælpe dig med at holde motivationen oppe og give dig værdifulde perspektiver og råd.

Vedholdenhed er tæt forbundet med modstandsdygtighed, da det indebærer en vilje til at fortsætte på trods af forhindringer eller tilbageslag. For at udvikle vedholdenhed er det vigtigt at sætte sig klare mål og dele dem op i mindre, overskuelige trin. Det giver dig mulighed for at fokusere på at gøre fremskridt og fejre små sejre undervejs. Ved at bryde større mål ned i mindre opgaver kan du bevare momentum og forblive motiveret.

Derudover er det afgørende at bevare en positiv tankegang for at udvikle vedholdenhed. I stedet for at dvæle ved tidligere fejl eller tilbageslag skal du fokusere på de fremskridt, du har gjort, og potentialet for fremtidig vækst. Dyrk troen på dine egne evner, og stol på, at du med en indsats og udholdenhed kan overvinde alle de udfordringer, du møder.

Det er også vigtigt at udvise selvdisciplin og konsekvens. Udvikl en rutine, der understøtter dine mål, og hold dig til den, selv når du bliver distraheret eller fristet. Ved at prioritere dine mål og forpligte dig til konsekvent handling kan du opbygge en vane med vedholdenhed og gøre stadige fremskridt i retning af dine ønskede resultater.

Kort sagt er det vigtigt at udvikle modstandsdygtighed og vedholdenhed for at dyrke et vækstmindset. Ved at se fejl som muligheder for at lære, praktisere selvmedfølelse, opdyrke et støttesystem, sætte klare mål, bevare en positiv tankegang og praktisere selvdisciplin kan du opbygge de kvaliteter, der er nødvendige for personlig vækst og succes. Husk, at det er en rejse at udvikle modstandskraft og vedholdenhed, og med en konsekvent indsats og et growth mindset kan du overvinde udfordringer og nå dine mål.

6.4 At opdyrke en positiv holdning til læring

For at opdyrke et growth mindset er det vigtigt at udvikle en positiv holdning til læring. Det indebærer, at man omfavner ideen om, at læring er en livslang proces, og at enhver oplevelse, uanset om det er en succes eller en fiasko, er en mulighed for vækst og udvikling.

En måde at fremme en positiv holdning til læring på er at skifte perspektiv på fiasko. I stedet for at se fiasko som en afspejling af dine evner eller dit værd, skal du se det som et springbræt til forbedring. Forstå, at det at begå fejl er en naturlig del af læringsprocessen, og at hver fejl giver værdifuld feedback til fremtidig vækst.

Et andet vigtigt aspekt ved at opdyrke en positiv holdning til læring er at have en nysgerrig og åben tilgang. Vær villig til at udforske nye ideer, udfordre dine eksisterende overbevisninger og opsøge forskellige perspektiver. Omfavn tankegangen som en livslang elev, der konstant søger viden og forståelse inden for forskellige interesseområder.

Det er også vigtigt at fejre dine succeser, uanset hvor små de kan synes. Anerkend og vær opmærksom på dine resultater, da det vil forstærke en positiv holdning til læring og motivere dig til at fortsætte med at stræbe efter vækst. Husk, at fremskridt ikke altid er lineære, og at tilbageslag er en normal del af rejsen. Brug disse tilbageslag som muligheder for at lære og tilpasse dig i stedet for at lade dem tage modet fra dig.

Derudover skal du omgive dig med et støttende og opmuntrende læringsmiljø. Opsøg mentorer, lærere eller jævnaldrende, som inspirerer og motiverer dig til at fortsætte med at lære og udvikle dig. Deltag i diskussioner, stil spørgsmål, og deltag aktivt i læringsmuligheder. Ved at omgive dig med ligesindede, der deler din passion for vækst, vil du være mere tilbøjelig til at bevare en positiv holdning til læring.

Endelig skal du øve dig i selvrefleksion og selvbevidsthed. Tag dig tid til at vurdere dine styrker og svagheder og identificere områder, hvor du kan forbedre dig. Sæt realistiske mål for dig selv, og del dem op i håndterbare trin. Fejr dine fremskridt undervejs, og juster din tilgang efter behov. Ved at være opmærksom på din egen læringsproces kan du opdyrke en positiv holdning til læring og fortsætte med at udvikle et growth mindset.

Konklusionen er, at det er vigtigt at dyrke en positiv holdning til læring for at udvikle et growth mindset. Ved at se fiasko som en mulighed for vækst, have en nysgerrig og åben tilgang, fejre succeser, omgive dig med et støttende læringsmiljø og øve dig i selvrefleksion kan du fremme et mindset, der omfatter kontinuerlig læring og personlig udvikling. Husk, at læring er en livslang rejse, og med en positiv indstilling kan du frigøre dit fulde potentiale og opnå succes på alle livets områder.

6.5 At søge muligheder for personlig vækst

For at opdyrke et vækstmindset er det vigtigt aktivt at opsøge muligheder for personlig vækst. Det indebærer at være åben over for nye oplevelser, udfordringer og læringsmuligheder. Ved aktivt at opsøge disse muligheder kan du udvide din viden, dine færdigheder og dine perspektiver, hvilket i sidste ende fører til personlig vækst og udvikling.

En måde at søge muligheder for personlig vækst på er at træde ud af sin komfortzone. Det kan indebære at prøve nye aktiviteter, påtage sig nyt ansvar eller forfølge nye interesser. Ved at presse dig selv til at prøve nye ting kan du udfordre dig selv og opdage nye talenter og evner, som du måske ikke vidste, du havde.

En anden måde at søge muligheder for personlig vækst på er at engagere sig i løbende læring. Det kan være ved at tage kurser, deltage i workshops eller seminarer eller læse bøger om emner, der interesserer dig. Ved aktivt at opsøge ny viden og nye færdigheder kan du udvide din forståelse af verden og udvikle nye evner, som kan bidrage til din personlige vækst.

Derudover kan det at søge feedback og konstruktiv kritik være en værdifuld mulighed for personlig vækst. Ved aktivt at søge feedback fra andre kan du få indsigt i dine styrker og områder, hvor du kan forbedre dig. Denne feedback kan hjælpe dig med at identificere områder, hvor du kan fokusere din indsats for personlig vækst og udvikling.

At netværke og opbygge relationer med andre kan også give mulighed for personlig vækst. Ved at komme i kontakt med andre, der har samme interesser eller mål, kan du lære af deres erfaringer og perspektiver. Det kan udvide din horisont og udsætte dig for nye ideer og muligheder for personlig vækst.

Endelig indebærer det at søge muligheder for personlig vækst også at sætte sig mål og arbejde hen imod dem. Ved at sætte specifikke, målbare, opnåelige, relevante og tidsbegrænsede (SMART) mål kan du skabe en køreplan for din personlige vækst. At arbejde hen imod disse mål kan give en følelse af formål og retning og kan hjælpe dig med at forblive motiveret og fokuseret på din personlige vækstrejse.

Konklusionen er, at det at søge muligheder for personlig vækst er et vigtigt aspekt af at dyrke et vækstmindset. Ved at træde ud af din komfortzone, engagere dig i løbende læring, søge feedback, netværke og sætte mål, kan du aktivt forfølge personlig vækst og udvikling. At udnytte disse muligheder kan føre til et mere tilfredsstillende og meningsfuldt liv, fordi du hele tiden stræber efter at blive den bedste udgave af dig selv.

6.6 At overvinde frygten for at begå fejl

Fejl er en uundgåelig del af livet, men alligevel har mange mennesker en dyb frygt for at begå dem. Denne frygt kan være lammende og forhindre folk i at tage chancer eller forfølge deres mål. Men at overvinde frygten for at begå fejl er afgørende for at kultivere et vækstmindset.

En måde at overvinde denne frygt på er ved at omformulere, hvordan vi opfatter fejl. I stedet for at se dem som fiaskoer kan vi se dem som muligheder for læring og vækst. Enhver fejl giver værdifuld feedback og indsigt, som kan hjælpe os med at forbedre os og blive bedre versioner af os selv.

Det er vigtigt at huske, at det at begå fejl er en naturlig del af læringsprocessen. Ingen er perfekte, og selv de mest succesfulde personer har begået utallige fejl på deres vej. At acceptere denne virkelighed kan hjælpe os med at slippe frygten og presset for at være fejlfri.

En anden nyttig strategi er at flytte fokus fra resultatet til processen. I stedet for at fokusere på slutresultatet kan vi fokusere på den indsats og de fremskridt, vi gør undervejs. Ved at værdsætte læringsprocessen og fejre små sejre kan vi reducere frygten for at begå fejl og omfavne den vækst, der følger med.

Det er også vigtigt at dyrke selvmedfølelse, når man begår fejl. I stedet for at være alt for kritiske eller fordømmende kan vi øve os i at være selvkærlige og forstående. Anerkend, at alle begår fejl, og at det ikke definerer vores værdi eller evner. Behandl dig selv med samme venlighed og tilgivelse, som du ville give en ven, der har begået en fejl.

Derudover kan det at søge støtte og feedback fra andre være en stor hjælp til at overvinde frygten for at begå fejl. Omgiv dig med et støttende netværk af personer, der opmuntrer til vækst og giver konstruktiv kritik. Deres perspektiver kan give værdifuld indsigt og hjælpe dig med at få et mere afbalanceret syn på dine fejltagelser.

Endelig er det vigtigt at huske, at fejl ikke er permanente. De er muligheder for vækst og forbedring. Ved at omfavne en væksttankegang kan vi se fejl som trædesten mod succes i stedet for snublesten. Med hver fejl har vi mulighed for at lære, tilpasse os og blive mere modstandsdygtige.

Konklusionen er, at det er vigtigt at overvinde frygten for at begå fejl for at kunne dyrke et vækstmindset. Ved at omformulere vores opfattelse af fejl, fokusere på læringsprocessen, praktisere selvmedfølelse, søge støtte og omfavne fejls midlertidige karakter kan vi overvinde denne frygt og frigøre vores fulde potentiale for vækst og succes.

Kapitel 7: Håndtering af stress og angst

I dette kapitel vil vi udforske det komplicerede forhold mellem overtænkning og angst og dykke ned i effektive strategier til at håndtere stress. Stress og angst kan ofte gå hånd i hånd, forværre overtænkningens cyklus og påvirke vores generelle velbefindende. Ved at forstå de underliggende årsager til stress og angst kan vi udvikle praktiske teknikker til at afhjælpe deres virkninger og genvinde kontrollen over vores tanker og følelser. Fra stresshåndteringsteknikker til afslapningsøvelser og tidsstyringsstrategier vil dette kapitel give dig en omfattende værktøjskasse til at navigere i udfordringerne med stress og angst. Ved at implementere disse strategier kan du opdyrke en følelse af ro og balance i dit liv, så du kan fokusere på det, der virkelig betyder noget, og få en mere fredelig og tilfredsstillende tilværelse.

7.1 Forholdet mellem overtænkning og angst

Overtænkning og angst går ofte hånd i hånd og skaber en ond cirkel, som kan være svær at bryde. Når vi overtænker, har vi en tendens til at dvæle ved negative tanker og scenarier, hvor vi konstant analyserer og genanalyserer hver eneste detalje. Denne overdrevne drøvtygning kan føre til øget stress og bekymring, som igen kan udløse angst.

En af hovedårsagerne til, at overtænkning bidrager til angst, er, at det holder os fast i en tilstand af konstant bekymring og forventning. Vi bliver fanget i en cyklus af "hvad nu hvis"-scenarier og forestiller os alle de mulige negative udfald af en situation. Denne konstante mentale snak kan være udmattende og overvældende og føre til en øget følelse af angst og uro.

Overtænkning har også en tendens til at forstørre vores frygt og tvivl og få dem til at virke større og mere truende, end de faktisk er. Vi kan blæse tingene ud af proportioner, katastroficere mindre problemer og skabe unødvendig stress. Denne forvrængede opfattelse kan give næring til angst og gøre det vanskeligt at finde ro i sindet.

Desuden kan overtænkning forstyrre vores evne til at løse problemer og træffe beslutninger. Vi bliver fanget i at analysere alle mulige muligheder og udfald, hvilket kan føre til ubeslutsomhed og en frygt for at træffe det forkerte valg. Denne ubeslutsomhed kan skabe en følelse af usikkerhed og angst, da vi konstant tvivler på os selv og bekymrer os om konsekvenserne af vores beslutninger.

Forholdet mellem overtænkning og angst er komplekst, og det ene påvirker det andet. Jo mere vi overtænker, jo mere ængstelige bliver vi, og jo mere ængstelige vi bliver, jo mere har vi tendens til at overtænke. At bryde denne cyklus kræver en bevidst indsats for at udfordre vores negative tankemønstre og udvikle sundere håndteringsmekanismer.

I de næste afsnit vil vi udforske forskellige strategier og teknikker til at håndtere overtænkning og angst. Ved at forstå forholdet mellem de to kan vi begynde at tage skridt i retning af at finde lindring og dyrke en følelse af ro i vores liv. Husk, at det er muligt at frigøre sig fra overtænkningens og angstens greb, og med øvelse og tålmodighed kan du genvinde kontrollen over dine tanker og følelser.

7.2 Teknikker til stresshåndtering

Stress er en almindelig oplevelse i vores tempofyldte og krævende verden. Det kan have en betydelig indvirkning på vores mentale og fysiske velbefindende, hvis det ikke håndteres korrekt. I dette afsnit vil vi udforske forskellige stresshåndteringsteknikker, der kan hjælpe dig med effektivt at håndtere og reducere stress i dit liv.

En effektiv teknik til at håndtere stress er dyb vejrtrækning. Når vi er stressede, har vores vejrtrækning en tendens til at blive overfladisk og hurtig. Ved bevidst at tage langsomme, dybe indåndinger kan vi aktivere kroppens afslapningsrespons og berolige vores nervesystem. Find et roligt og behageligt sted, luk øjnene, og tag en dyb indånding gennem næsen, så maven kan udvide sig. Hold vejret i et par sekunder, og pust så langsomt ud gennem munden. Gentag denne dybe vejrtrækningsøvelse flere gange, og fokuser på fornemmelsen af, at dit åndedræt kommer ind og forlader din krop.

En anden nyttig teknik er progressiv muskelafspænding. Den går ud på at spænde og derefter slippe forskellige muskelgrupper i kroppen for at fremme afslapning. Start med at sidde eller ligge i en behagelig stilling. Begynd med tæerne, og krøl dem stramt sammen i et par sekunder, før du slipper. Bevæg dig op til læggene, lårene, maven, skuldrene og så videre, og spænd og slip hver muskelgruppe. Vær opmærksom på fornemmelserne i kroppen, når du spænder og slipper, og lad eventuelle spændinger eller stress smelte væk.

Regelmæssig fysisk aktivitet er også en effektiv måde at håndtere stress på. Motion frigiver endorfiner, som er naturlige humørsvingende kemikalier i hjernen. Det kan hjælpe med at reducere angst, forbedre søvnen og øge det generelle velbefindende. Find en aktivitet, som du kan lide, hvad enten det er at gå en tur, dyrke yoga, danse eller dyrke sport. Sigt efter mindst 30 minutters motion af moderat intensitet de fleste af ugens dage.

Ud over fysisk aktivitet kan afslapningsteknikker som meditation og mindfulness hjælpe med at reducere stress. Meditation indebærer, at man fokuserer sin opmærksomhed og eliminerer den strøm af tanker, der kan være årsag til stress. Find et roligt og behageligt sted, luk øjnene, og ret opmærksomheden mod dit åndedræt eller en bestemt genstand. Når tankerne vandrer, skal du forsigtigt bringe dem tilbage til dit fokuspunkt. Start med nogle få minutters meditation hver dag, og øg gradvist varigheden, efterhånden som du bliver mere komfortabel.

Mindfulness går derimod ud på at være fuldt ud til stede i øjeblikket og uden at dømme observere dine tanker, følelser og fornemmelser. Det kan hjælpe dig med at blive mere opmærksom på stressudløsere og udvikle en større følelse af ro og accept. Øv dig i mindfulness ved at deltage i aktiviteter med fuld opmærksomhed, som f.eks. at spise et måltid, tage et bad eller gå en tur. Læg mærke til de fornemmelser, tanker og følelser, der opstår, uden at dømme.

Det kan også være en fordel at indarbejde stressreducerende aktiviteter i din daglige rutine. Det kan være at dyrke hobbyer eller aktiviteter, der giver dig glæde og afslapning, som f.eks. at læse, lytte til musik, lave havearbejde eller tilbringe tid i naturen. Det er vigtigt at tage sig tid til egenomsorg og prioritere aktiviteter, der genoplader og forynger dig.

Endelig kan det at søge støtte fra andre være afgørende for at håndtere stress. At tale med en betroet ven, et familiemedlem eller en terapeut kan give et trygt rum, hvor man kan udtrykke sine følelser og få perspektiv. De kan tilbyde vejledning, validering og praktiske råd om, hvordan man håndterer stress. Husk, at du ikke behøver at møde stress alene, og at det er et tegn på styrke at række ud efter støtte.

Ved at indarbejde disse stresshåndteringsteknikker i din hverdag kan du effektivt reducere og håndtere stress. Eksperimentér med forskellige teknikker, og find ud af, hvad der virker bedst for dig. Husk, at stresshåndtering er en livslang rejse, og det er vigtigt at prioritere dit velbefindende og gøre egenomsorg til en prioritet.

7.3 Afspændingsøvelser og vejrtrækningsteknikker

For effektivt at kunne håndtere stress og angst er det vigtigt at indarbejde afspændingsøvelser og vejrtrækningsteknikker i din daglige rutine. Disse øvelser kan hjælpe med at berolige sindet, reducere spændinger i kroppen og fremme en følelse af generelt velbefindende. Ved at tage dig tid til disse øvelser kan du skabe et rum for afslapning og foryngelse midt i hverdagens kaos.

En effektiv afspændingsøvelse er progressiv muskelafspænding. Denne teknik går ud på systematisk at spænde og derefter slippe hver muskelgruppe i kroppen, startende fra tæerne og op til hovedet. Ved bevidst at spænde og derefter slappe af i hver enkelt muskel kan du frigøre opbyggede spændinger og fremme en dyb følelse af afslapning.

En anden nyttig teknik er dyb vejrtrækning. Ved at fokusere på dit åndedræt og tage langsomme, dybe indåndinger kan du aktivere kroppens afslapningsrespons og reducere følelsen af stress og angst. En simpel dyb vejrtrækningsøvelse er 4-7-8-teknikken. Træk vejret dybt ind gennem næsen, mens du tæller til 4, hold vejret, mens du tæller til 7, og pust langsomt ud gennem munden, mens du tæller til 8. Gentag denne cyklus flere gange, og lad dig selv slappe helt af ved hver indånding.

Guidet billeddannelse er et andet stærkt afslapningsværktøj. Denne teknik indebærer, at du bruger din fantasi til at skabe et beroligende og fredeligt mentalt billede. Luk øjnene og forestil dig, at du befinder dig i rolige omgivelser, f.eks. på en strand eller i en fredfyldt have. Brug alle dine sanser i denne visualisering og forestil dig synet, lyden, lugten og fornemmelsen af dette fredelige sted. Giv dig selv lov til at fordybe dig helt i dette mentale billede, og giv slip på enhver form for stress eller anspændthed.

Ud over disse øvelser kan det også være gavnligt at indarbejde mindfulness-meditation i din rutine for at håndtere stress og angst. Mindfulness-meditation indebærer, at du fokuserer din opmærksomhed på nuet uden at dømme eller knytte an til tanker eller følelser. Ved at praktisere mindfulness kan du opdyrke en følelse af ro og klarhed, så du bedre kan navigere i stressede situationer.

Det er vigtigt at huske, at afspændingsøvelser og vejrtrækningsteknikker ikke er en universalløsning. Hvad der virker for én person, virker måske ikke for en anden. Det kan være nødvendigt at prøve sig frem for at finde de teknikker, der giver genlyd hos dig og lindrer mest. Eksperimentér med forskellige øvelser og teknikker, og vær opmærksom på, hvordan din krop og dit sind reagerer. Med øvelse og konsekvens kan du udvikle en personlig afspændingsrutine, der effektivt hjælper dig med at håndtere stress og angst.

Afslutningsvis er afslapningsøvelser og vejrtrækningsteknikker værdifulde værktøjer til at håndtere stress og angst. Ved at indarbejde disse øvelser i din daglige rutine kan du skabe et rum for afslapning og foryngelse, hvilket fremmer en følelse af generelt velvære. Eksperimentér med forskellige teknikker, og find ud af, hvad der virker bedst for dig. Husk at være tålmodig med dig selv og give dig tid til at øve dig og være konsekvent. Med dedikation og indsats kan du opdyrke en følelse af ro og modstandsdygtighed over for stress og angst.

7.4 Tidsstyring og prioritering

I dagens hektiske verden kan effektiv tidsstyring og prioritering af opgaver i høj grad bidrage til at reducere stress og angst. Når vi føler os overvældede af hverdagens krav, er det vigtigt at træde et skridt tilbage og vurdere, hvordan vi bruger vores tid. Ved at implementere effektive tidsstyringsstrategier og prioritere opgaver kan vi skabe en følelse af kontrol og reducere følelsen af konstant at have travlt.

Et vigtigt aspekt af tidsstyring er at sætte klare mål og målsætninger. Ved at identificere, hvad der skal opnås, kan vi prioritere vores opgaver i overensstemmelse hermed. Det er nyttigt at opdele større mål i mindre, mere håndterbare opgaver, så vi kan fokusere på én ting ad gangen. Det hjælper os ikke kun med at holde orden, men forhindrer os også i at føle os overvældede af en lang liste af opgaver.

Et andet vigtigt aspekt af tidsstyring er at lave en tidsplan eller en to-do-liste. Ved at planlægge vores dag på forhånd kan vi afsætte tid til hver opgave og sikre, at vi har tid nok til det hele. Det er vigtigt at være realistisk, når man sætter tidsrammer for opgaver, og tage hensyn til eventuelle afbrydelser eller uventede begivenheder, der kan opstå. Ved at have en klar plan kan vi minimere risikoen for at føle os pressede eller stressede.

Prioritering er et andet afgørende element i effektiv tidsstyring. Ikke alle opgaver er lige vigtige eller presserende, og det er vigtigt at identificere, hvilke opgaver der kræver øjeblikkelig opmærksomhed, og hvilke der kan udskydes. En nyttig teknik er Eisenhower-matrixen, som kategoriserer opgaver i fire kvadranter baseret på deres hastende karakter og vigtighed. Ved at fokusere på opgaver, der både haster og er vigtige, kan vi sikre, at vi bruger vores tid og energi effektivt.

Ud over at prioritere opgaverne er det også vigtigt at afsætte tid til egenomsorg og afslapning. Pauser i løbet af dagen kan hjælpe os med at lade op og bevare vores fokus og produktivitet. Det er vigtigt at lytte til vores krop og sind og give os selv lov til at hvile, når det er nødvendigt. Ved at indarbejde egenomsorgsaktiviteter i vores skema, f.eks. motion, meditation eller tid sammen med dem, vi holder af, kan vi reducere stress og fremme det generelle velbefindende.

Det er værd at bemærke, at effektiv tidsstyring og prioritering kan kræve, at man prøver sig frem. Det er vigtigt at være fleksibel og villig til at justere vores planer efter behov. Nogle gange kan uventede begivenheder eller ændringer i omstændighederne kræve, at vi omprioriterer eller omlægger opgaver. Ved at være tilpasningsdygtige og åbne over for forandringer kan vi bedre navigere i de udfordringer, der kommer på vores vej.

Konklusionen er, at tidsstyring og prioritering er vigtige færdigheder til at håndtere stress og angst. Ved at sætte klare mål, lave en tidsplan og prioritere opgaver kan vi skabe en følelse af kontrol og reducere følelsen af overvældelse. Husk også at afsætte tid til egenomsorg og afslapning, da det er afgørende at passe på sig selv for at bevare det generelle velbefindende. Med øvelse og tålmodighed kan vi udvikle effektive tidsstyringsvaner, der bidrager til et mere afbalanceret og tilfredsstillende liv.

7.5 Sunde livsstilsvaner til reduktion af stress

Ud over at implementere stresshåndteringsteknikker og afslapningsøvelser kan sunde livsstilsvaner i høj grad bidrage til at reducere stress og angst. Disse vaner fremmer ikke kun det fysiske velbefindende, men har også en positiv indvirkning på den mentale sundhed. Ved at indarbejde disse metoder i din daglige rutine kan du effektivt håndtere stress og forbedre dit generelle velbefindende.

En vigtig livsstilsvane for stressreduktion er at opretholde en afbalanceret og nærende kost. Ved at spise en bred vifte af frugt, grøntsager, fuldkorn og magre proteiner får din krop de nødvendige næringsstoffer til at fungere optimalt. At undgå for meget koffein, sukker og forarbejdede fødevarer kan hjælpe med at stabilisere dit humør og energiniveau, hvilket reducerer sandsynligheden for at opleve stress og angst.

Regelmæssig fysisk aktivitet er en anden vigtig vane for at reducere stress. Motion frigiver endorfiner, som er naturlige humørforstærkere. Uanset om det er at gå en tur, dyrke yoga eller deltage i en holdsport, kan det at finde en aktivitet, som du nyder, hjælpe med at lindre stress og fremme afslapning. Sigt efter mindst 30 minutters motion af moderat intensitet de fleste af ugens dage.

Tilstrækkelig søvn er afgørende for at kunne håndtere stress og angst. Mangel på søvn kan påvirke dit humør, din kognitive funktion og din evne til at håndtere stress negativt. Hvis du etablerer et fast søvnskema og skaber en afslappende rutine ved sengetid, kan du forbedre kvaliteten og varigheden af din søvn. Sigt efter 7-9 timers søvn hver nat for at støtte dit generelle velbefindende.

Ud over kost, motion og søvn handler stresshåndtering også om at finde sunde måder at slappe af på. Aktiviteter, der giver dig glæde og hjælper dig med at slappe af, kan reducere stressniveauet betydeligt. Det kan være hobbyer som at læse, male, lave havearbejde eller lytte til musik. At holde pauser i løbet af dagen for at deltage i disse aktiviteter kan give et tiltrængt pusterum fra stress og fremme en følelse af ro.

En anden vigtig livsstilsvane til stressreduktion er at praktisere effektiv tidsstyring. At føle sig overvældet og forhastet kan bidrage til et øget stressniveau. Ved at prioritere opgaver, sætte realistiske mål og opdele større opgaver i mindre, håndterbare trin kan du reducere stress og øge produktiviteten. Derudover kan det at lære at uddelegere opgaver og sige nej, når det er nødvendigt, hjælpe med at skabe en mere afbalanceret og stressfri livsstil.

Endelig er det afgørende at opretholde et stærkt støttesystem for at kunne håndtere stress og angst. At omgive sig med positive og støttende personer kan give følelsesmæssig støtte og perspektiv i udfordrende tider. Uanset om det er familie, venner eller en støttegruppe, kan det at have et netværk af mennesker, der forstår og bekræfter dine oplevelser, hjælpe med at lindre stress og fremme følelsesmæssigt velbefindende.

Hvis du indarbejder disse sunde livsstilsvaner i din daglige rutine, kan du reducere stress og angst betydeligt. Husk, at alles rejse er unik, og det kan tage tid at finde de vaner, der fungerer bedst for dig. Ved at prioritere egenomsorg og foretage små, bæredygtige ændringer kan du opdyrke en livsstil, der understøtter dit generelle velbefindende og hjælper dig med at håndtere stress effektivt.

7.6 At søge professionel hjælp til angstlidelser

At søge professionel hjælp til angstlidelser er et vigtigt skridt i håndteringen og overvindelsen af de udfordringer, der er forbundet med overdreven bekymring og frygt. Selv om selvhjælpsstrategier og -teknikker kan være effektive for mange mennesker, er der tilfælde, hvor det er nødvendigt med støtte og vejledning fra en uddannet professionel.

Angstlidelser er psykiske lidelser, der i høj grad kan påvirke en persons daglige liv, relationer og generelle velbefindende. Disse lidelser er kendetegnet ved vedvarende og overdreven bekymring, frygt og ængstelse. Almindelige angstlidelser omfatter generaliseret angst (GAD), panikangst, social angst og specifikke fobier.

Når angstsymptomer bliver alvorlige, vedvarende og forstyrrer den daglige funktion, kan det være en fordel at søge professionel hjælp. Psykologer, psykiatere og terapeuter er uddannet til at diagnosticere og behandle angstlidelser ved hjælp af evidensbaserede tilgange.

En af de primære fordele ved at søge professionel hjælp er muligheden for en omfattende vurdering. En professionel inden for mental sundhed kan vurdere sværhedsgraden og effekten af angstsymptomer, identificere eventuelle underliggende årsager eller medvirkende faktorer og stille en nøjagtig diagnose. Denne vurdering er afgørende for at udvikle en individuel behandlingsplan, der imødekommer den enkeltes specifikke behov og mål.

Behandling af angstlidelser involverer ofte en kombination af terapi og i nogle tilfælde medicin. Kognitiv adfærdsterapi (CBT) er en almindeligt anvendt terapeutisk tilgang til angstlidelser. CBT hjælper personer med at identificere og udfordre negative tankemønstre og overbevisninger, der bidrager til angst. Den lærer også praktiske færdigheder og teknikker til at håndtere angstsymptomer, f.eks. afslapningsøvelser og eksponeringsterapi.

Ud over terapi kan der ordineres medicin til at hjælpe med at håndtere angstsymptomer. Antidepressiva, som f.eks. selektive serotonin-genoptagelseshæmmere (SSRI'er), bruges ofte til at behandle angstlidelser. Disse medikamenter kan hjælpe med at regulere hjernens kemi og reducere intensiteten af angstsymptomer. Det er vigtigt at arbejde tæt sammen med en sundhedsudbyder for at finde den rette medicin og dosering, der fungerer bedst for den enkelte.

At søge professionel hjælp til angstlidelser giver også et støttende og ikke-dømmende rum til at diskutere og udforske følelser, frygt og bekymringer. En professionel inden for mental sundhed kan tilbyde vejledning, validering og beroligelse og hjælpe enkeltpersoner med at udvikle mestringsstrategier og modstandskraft over for angst.

Det er vigtigt at huske, at det at søge professionel hjælp ikke er et tegn på svaghed eller fiasko. Det er et proaktivt skridt i retning af at tage kontrol over sin mentale sundhed og sit velbefindende. Med den rette støtte og behandling kan personer med angstlidelser lære at håndtere deres symptomer, reducere deres indvirkning på dagligdagen og forbedre deres generelle livskvalitet.

Hvis du eller nogen, du kender, kæmper med angstsymptomer, der har en betydelig indvirkning på den daglige funktion, anbefales det at kontakte en professionel inden for mental sundhed for at få en vurdering og vejledning. Husk, at du ikke er alene, og der er hjælp at hente til at støtte dig på din rejse mod at håndtere angst og opnå følelsesmæssigt velbefindende.

I dagens hurtige og informationsdrevne verden kan det være en stor udfordring at bevare fokus og koncentration. Med konstante distraktioner og en uendelig to-do-liste er det let at blive overvældet og ude af stand til at holde fokus på den aktuelle opgave. Men at forbedre vores fokus og koncentration er afgørende for produktiviteten, succesen og det generelle velbefindende.

I dette kapitel vil vi udforske forskellige teknikker og strategier, der kan hjælpe dig med at forbedre dit fokus og din koncentration. Vi ser nærmere på, hvordan overtænkning påvirker vores koncentrationsevne, og hvordan vi kan skabe et distraktionsfrit miljø. Vi vil også diskutere mindful arbejds- og studiepraksis samt brug af teknologi til at øge produktiviteten. Derudover vil vi udforske vigtigheden af at udvikle en daglig rutine, der understøtter optimalt fokus.

Ved at implementere de teknikker og fremgangsmåder, der er beskrevet i dette kapitel, vil du kunne forbedre dit fokus og din koncentration, så du kan udføre dine opgaver mere effektivt. Uanset om du er studerende, professionel eller blot ønsker at forbedre din koncentrationsevne, vil dette kapitel give dig værdifuld indsigt og praktiske strategier, der kan hjælpe dig med at nå dine mål. Så lad os dykke ned i det og begynde at forbedre vores fokus og koncentration for at få et mere produktivt og tilfredsstillende liv.

8.1 Forståelse af overtænkningens indvirkning på fokus

Overtænkning kan have en betydelig indvirkning på vores evne til at fokusere og koncentrere os. Når vi konstant grubler og analyserer hver eneste detalje i en situation, bliver vores sind fyldt med for mange tanker og bekymringer. Dette mentale rod skaber en barriere, der forhindrer os i at engagere os fuldt ud i nuet og rette vores opmærksomhed mod den aktuelle opgave.

En af de vigtigste måder, hvorpå overtænkning påvirker vores fokus, er ved at forårsage mental træthed. Konstant at analysere og overanalysere situationer dræner vores mentale energi, så vi føler os udmattede og ude af stand til at koncentrere os. Denne mentale udmattelse gør det svært at holde fokus på en enkelt opgave i længere tid, da vores tanker vandrer og bliver fanget i en uendelig cyklus af tanker.

Desuden fører overtænkning ofte til manglende klarhed og ubeslutsomhed. Når vi overanalyserer alle mulige udfald og overvejer alle potentielle risici og fordele, bliver det en udfordring at træffe en klar og sikker beslutning. Denne ubeslutsomhed hæmmer yderligere vores evne til at koncentrere os, da vi hele tiden tvivler på os selv og sætter spørgsmålstegn ved vores valg.

En anden måde, hvorpå overtænkning påvirker vores fokus, er ved at øge vores modtagelighed for distraktioner. Når vores sind er optaget af for mange tanker og bekymringer, bliver vi lettere påvirket af ydre stimuli. Vi bliver måske let distraheret af notifikationer på vores telefoner, opdateringer på de sociale medier eller endda vores egne vandrende tanker. Disse distraktioner hæmmer yderligere vores evne til at holde fokus og koncentrere os om den aktuelle opgave.

Desuden kan overtænkning føre til øgede niveauer af stress og angst, hvilket kan forringe vores koncentrationsevne betydeligt. Når vi overvældes af bekymringer og negative tanker, går vores kroppe ind i en tilstand af øget ophidselse, kendt som kamp- eller flugtreaktionen. Denne fysiologiske reaktion udløser frigivelse af stresshormoner som f.eks. kortisol, som kan forstyrre vores kognitive funktion og gøre det svært at holde fokus.

For at forbedre fokus og koncentration er det afgørende at tage fat på og håndtere overtænkning. Ved at praktisere mindfulness og dyrke bevidstheden om vores tankemønstre kan vi lære at genkende, når vi bliver fanget i overtænkning, og omdirigere vores opmærksomhed til nuet. Derudover kan det at udfordre negative tanker og omformulere dem i et mere positivt og realistisk lys hjælpe med at reducere det mentale rod, der hæmmer vores fokus.

At skabe et distraktionsfrit miljø er også vigtigt for at forbedre fokus. At minimere eksterne forstyrrelser, f.eks. ved at slukke for notifikationer på vores enheder eller finde et roligt arbejdsområde, kan hjælpe med at skabe et miljø, der fremmer koncentrationen. Derudover kan teknikker som dyb vejrtrækning eller meditation, før man går i gang med en opgave, hjælpe med at berolige sindet og forbedre fokus.

Konklusionen er, at overtænkning har en betydelig indvirkning på vores evne til at fokusere og koncentrere os. Det fører til mental træthed, ubeslutsomhed, modtagelighed over for distraktioner og øgede niveauer af stress og angst. Men ved at praktisere mindfulness, udfordre negative tanker og skabe et distraktionsfrit miljø kan vi forbedre vores fokus og koncentration, så vi kan engagere os fuldt ud i nuet og præstere vores bedste.

Afsnit 8.2 Teknikker til at forbedre koncentrationen

Bedre koncentration er afgørende for at øge fokus og produktivitet. I dagens tempofyldte verden er der distraktioner overalt, hvilket gør det udfordrende at holde fokus på en opgave eller et mål. Men med de rigtige teknikker kan du træne dit sind til at koncentrere sig bedre og opnå optimal præstation. Her er nogle effektive teknikker til at forbedre koncentrationen:

Øv dig i mindfulness: Mindfulness er en praksis, hvor man er fuldt til stede i øjeblikket uden at dømme. Ved at praktisere mindfulness kan du træne dit sind til at holde fokus på den aktuelle opgave. Start med at bruge et par minutter hver dag på at sidde stille og fokusere på dit åndedræt. Hver gang dine tanker vandrer, skal du forsigtigt bringe din opmærksomhed tilbage til dit åndedræt. Med tiden vil denne øvelse forbedre din evne til at koncentrere dig.

Fjern alle distraktioner: Identificer og fjern alle distraktioner, der kan hindre din koncentration. Det kan være at slukke for notifikationer på din telefon, lukke unødvendige faner på din computer eller finde et roligt sted at arbejde. At skabe et distraktionsfrit miljø vil hjælpe dig med at holde fokus og minimere afbrydelser.

Del opgaverne op i mindre bidder: Store opgaver kan være overvældende og gøre det svært at koncentrere sig. Del dem op i mindre, mere håndterbare opgaver. Det giver dig mulighed for at fokusere på én opgave ad gangen, hvilket øger din koncentration og produktivitet. Sæt specifikke mål for hver opgave, og beløn dig selv, når du klarer dem, hvilket kan øge din koncentration yderligere.

Brug Pomodoro-teknikken: Pomodoro-teknikken er en tidsstyringsmetode, der går ud på at arbejde fokuseret i perioder efterfulgt af korte pauser. Sæt en timer til 25 minutter, og arbejd på en opgave med fuld koncentration. Når timeren går, holder du en kort pause på 5 minutter. Gentag denne cyklus fire gange, og tag derefter en længere pause på 15-30 minutter. Denne teknik hjælper med at bevare fokus og forebygger udbrændthed.

Deltag i regelmæssig fysisk træning: Fysisk træning har vist sig at forbedre den kognitive funktion, herunder koncentrationen. Regelmæssig motion som f.eks. gåture, jogging eller yoga kan øge blodtilførslen til hjernen og forbedre fokus. Sigt efter mindst 30 minutters motion af moderat intensitet de fleste af ugens dage for at høste fordelene.

Træk vejret dybt: Dybe vejrtrækningsøvelser kan hjælpe med at berolige sindet og forbedre koncentrationen. Brug et par øjeblikke i løbet af dagen på at fokusere på dit åndedræt. Træk vejret dybt ind gennem næsen, hold vejret i et par sekunder, og pust langsomt ud gennem munden. Denne enkle øvelse kan hjælpe med at rense dit sind og øge din evne til at koncentrere dig.

Organiser din arbejdsplads: Et rodet og uorganiseret arbejdsområde kan virke distraherende og hæmme koncentrationen. Tag dig tid til at rydde op og organisere din arbejdsplads og sørg for, at alt har sin plads. Hav kun det vigtigste inden for rækkevidde, og fjern alle unødvendige ting. En ren og organiseret arbejdsplads fremmer et klart og fokuseret sind.

Få nok søvn: Mangel på søvn kan påvirke koncentrationen og den kognitive funktion betydeligt. Sigt efter 7-9 timers kvalitetssøvn hver nat for at sikre, at din hjerne er veludhvilet og i stand til at koncentrere sig effektivt. Etabler en konsekvent søvnrutine, og skab et søvnvenligt miljø for at optimere din søvnkvalitet.

Ved at implementere disse teknikker kan du forbedre din koncentration og øge din evne til at holde fokus på opgaver. Husk, at koncentration er en færdighed, der kan udvikles med øvelse og konsekvens. Med tid og indsats kan du træne dit sind til at koncentrere sig bedre og opnå større produktivitet og succes.

8.3 At skabe et distraktionsfrit miljø

At skabe et distraktionsfrit miljø er afgørende for at forbedre fokus og koncentration. Når vores omgivelser er fyldt med distraktioner, bliver det en udfordring at holde fokus på den aktuelle opgave. I dette afsnit vil vi udforske forskellige strategier til at skabe et miljø, der fremmer koncentration og minimerer distraktioner.

Et af de første skridt til at skabe et distraktionsfrit miljø er at rydde op i dit fysiske rum. Et rodet arbejdsområde kan føre til et rodet sind, som gør det svært at koncentrere sig. Brug lidt tid på at organisere dit skrivebord eller din arbejdsplads, fjern alle unødvendige ting og hold kun det vigtigste inden for rækkevidde. Det vil hjælpe med at skabe et rent og organiseret miljø, der fremmer fokus.

Et andet vigtigt aspekt af at skabe et distraktionsfrit miljø er at håndtere digitale distraktioner. I dagens digitale tidsalder bliver vi konstant bombarderet med notifikationer, e-mails og opdateringer på de sociale medier, som nemt kan aflede vores opmærksomhed. Overvej at implementere strategier som at slukke for notifikationer eller bruge apps, der blokerer bestemte websteder eller apps i bestemte arbejds- eller studieperioder. Ved at minimere digitale distraktioner kan du skabe et mere fokuseret og produktivt miljø.

Ud over at rydde op og håndtere digitale distraktioner er det også vigtigt at sætte grænser i forhold til andre for at skabe et distraktionsfrit miljø. Kommuniker dit behov for uafbrudt fokus til dem omkring dig, uanset om det er familiemedlemmer, bofæller eller kolleger. Etablering af klare grænser og bestemte arbejds- eller studietider kan hjælpe med at minimere afbrydelser og skabe et gunstigt miljø for koncentration.

Det er også vigtigt at skabe et fysisk miljø, der understøtter fokus og koncentration. Overvej faktorer som belysning, temperatur og støjniveau. Naturligt lys og korrekt belysning kan hjælpe med at forbedre årvågenhed og fokus, mens en behagelig temperatur kan øge produktiviteten. Derudover kan minimering af baggrundsstøj eller brug af støjreducerende hovedtelefoner hjælpe med at blokere for distraktioner og skabe et roligere miljø.

Endelig kan indarbejdelse af mindfulness-øvelser i dit miljø også bidrage til at forbedre fokus og koncentration. Korte pauser til meditation eller dybe vejrtrækningsøvelser kan hjælpe med at rense sindet og øge den mentale klarhed. Ved at indarbejde mindfulness i din daglige rutine kan du skabe et mere roligt og fokuseret miljø.

Konklusionen er, at det er vigtigt at skabe et distraktionsfrit miljø for at forbedre fokus og koncentration. Ved at rydde op i dit fysiske rum, håndtere digitale distraktioner, sætte grænser, optimere dit fysiske miljø og indarbejde mindfulness-praksis kan du skabe et miljø, der fremmer produktivitet og koncentration. Husk, at et distraktionsfrit miljø er en vigtig ingrediens for at opnå optimalt fokus og nå dine mål.

8.4 Mindful arbejds- og studiepraksis

I dagens tempofyldte verden kan det være en udfordring at bevare fokus og koncentration, når man arbejder eller studerer. Vores tanker vandrer ofte, og vi bliver let distraheret af ydre stimuli eller indre tanker. Men ved at indarbejde mindful arbejds- og studiepraksis i vores daglige rutiner kan vi forbedre vores evne til at være til stede og engageret i den aktuelle opgave.

Mindful arbejds- og studiepraksis indebærer, at vi bringer vores fulde opmærksomhed og bevidsthed til det nuværende øjeblik. I stedet for at lade tankerne vandre, fokuserer vi bevidst på den opgave, der ligger foran os. Det kan forbedre vores produktivitet og effektivitet betydeligt samt reducere stress og overvældelse.

En effektiv teknik til at praktisere mindfulness under arbejde eller studier er at starte med at opstille klare intentioner. Før du går i gang med en opgave, skal du bruge et øjeblik på at afklare, hvad du håber at opnå, og hvorfor det er vigtigt for dig. Det kan hjælpe dig med at forblive motiveret og fokuseret under hele processen.

Når du har fastlagt dine intentioner, er det vigtigt at skabe et miljø, der fremmer koncentrationen. Minimér distraktioner ved at slukke for meddelelser på din telefon eller computer, lukke unødvendige faner eller programmer og finde et roligt sted, hvor du kan arbejde uden afbrydelser. Overvej at bruge støjreducerende hovedtelefoner eller spille blød instrumentalmusik for at skabe en rolig og fokuseret atmosfære.

Når du begynder din arbejds- eller studiesession, skal du være opmærksom på dit åndedræt og dine kropsfornemmelser. Tag et par dybe indåndinger for at forankre dig i nuet. Læg mærke til eventuelle spændinger eller ubehag i kroppen, og foretag justeringer efter behov. Ved at være opmærksom på din fysiske tilstand kan du bedre håndtere stress og fremme afslapning.

Tjek jævnligt ind med dig selv under dit arbejde eller dine studier. Læg mærke til eventuelle tanker eller følelser, der opstår, og bring forsigtigt din opmærksomhed tilbage til den aktuelle opgave. Undgå at dømme eller kritisere dine tanker, og dyrk i stedet en følelse af nysgerrighed og ikke-tilknytning. Det kan hjælpe dig med at holde fokus og forhindre tankerne i at vandre.

En anden nyttig praksis er at holde regelmæssige pauser. Vores hjerner er ikke designet til at holde fokus i længere tid ad gangen. Ved at indarbejde korte pauser i dit arbejds- eller studieprogram kan du give dit sind en chance for at hvile og lade op. Brug disse pauser til at strække ud, bevæge kroppen eller lave en kort mindfulness-øvelse, f.eks. dyb vejrtrækning eller en kort meditation.

Endelig er det vigtigt at udvise selvmedfølelse og tålmodighed under dine arbejds- eller studiesessioner. Anerkend, at distraktioner og tilbageslag er en naturlig del af processen. I stedet for at blive frustreret eller modløs, så mød disse udfordringer med venlighed og forståelse. Husk, at hvert øjeblik er en mulighed for at øve mindfulness og dyrke fokus.

Ved at indarbejde mindful arbejds- og studiepraksis i din daglige rutine kan du forbedre din evne til at være til stede og engageret i dine opgaver. Med øget fokus og koncentration kan du udrette mere på kortere tid og opleve en større følelse af tilfredsstillelse. Så brug et øjeblik på at sætte dine intentioner, skabe et gunstigt miljø og rette din fulde opmærksomhed mod nuet. Dine arbejds- og studiesessioner vil blive mere produktive, fornøjelige og meningsfulde.

8.5 Udnyttelse af teknologi til produktivitet

I dagens digitale tidsalder er teknologi blevet en integreret del af vores liv. Selv om den nogle gange kan være en kilde til distraktion og overstimulering, kan teknologien, når den bruges med omtanke, også være et stærkt værktøj til at forbedre fokus og koncentration. I dette afsnit vil vi udforske forskellige måder, hvorpå du kan bruge teknologi til at øge din produktivitet og holde fokus på dine opgaver.

Et af de første skridt til at udnytte teknologi til produktivitet er at rydde op i dit digitale rum. Ligesom fysisk rod kan hæmme din evne til at koncentrere dig, kan et rodet digitalt miljø være lige så distraherende. Brug lidt tid på at organisere dine filer, mapper og skrivebordsikoner. Slet unødvendige apps og filer, der ikke længere er relevante. Ved at skabe et rent og organiseret digitalt arbejdsområde kan du minimere distraktioner og forbedre din evne til at fokusere.

En anden måde at udnytte teknologi til produktivitet er ved at bruge produktivitetsapps og -værktøjer. Der findes mange apps, som kan hjælpe dig med at holde dig organiseret, styre din tid effektivt og følge dine fremskridt med opgaverne. Opgavestyringsapps som Todoist eller Trello kan f.eks. hjælpe dig med at lave to-do-lister, sætte deadlines og prioritere dine opgaver. Pomodoro-timer-apps som Focus Keeper eller Forest kan hjælpe dig med at dele dit arbejde op i fokuserede intervaller efterfulgt af korte pauser for at forbedre din koncentration og produktivitet.

Ud over produktivitetsapps findes der også browserudvidelser og plugins, som kan hjælpe dig med at holde fokus, mens du surfer på internettet. Disse værktøjer kan blokere for distraherende hjemmesider, begrænse den tid, du bruger på sociale medier, og endda spore dit internetforbrug. Eksempler på sådanne værktøjer er StayFocusd, Freedom og RescueTime. Ved at bruge disse udvidelser kan du minimere fristelsen til at surfe uden omtanke og holde dig på sporet af dit arbejde.

En anden måde at udnytte teknologi til produktivitet er ved at bruge digitale værktøjer til at tage noter og organisere. I stedet for at bruge fysiske notesbøger og klistermærker kan du overveje at bruge note-apps som Evernote eller Microsoft OneNote. Med disse apps kan du oprette digitale notesbøger, organisere dine noter og nemt søge efter specifikke oplysninger. Ved at digitalisere dine noter kan du reducere rodet, få adgang til dine oplysninger overalt og hurtigt finde det, du har brug for, hvilket sparer dig tid og forbedrer dit fokus.

Desuden kan teknologi også bruges til at automatisere gentagne opgaver og strømline din arbejdsgang. Se efter muligheder for at automatisere opgaver ved hjælp af værktøjer som IFTTT (If This Then That) eller Zapier. Disse platforme giver dig mulighed for at skabe automatiserede arbejdsgange ved at forbinde forskellige apps og tjenester. Du kan f.eks. oprette en arbejdsgang, der automatisk gemmer vedhæftede filer i en bestemt mappe i dit cloud-lager, eller en, der sender dig en daglig oversigt over dine kalenderbegivenheder. Ved at automatisere disse opgaver kan du frigøre værdifuld tid og mental energi til vigtigere og mere meningsfuldt arbejde.

Endelig er det vigtigt at huske, at selvom teknologi kan være et værdifuldt redskab til produktivitet, er det vigtigt at bruge det med omtanke og i moderate mængder. Sæt grænser for din teknologibrug, og indfør bestemte teknologifrie perioder i løbet af dagen. Det vil hjælpe med at forhindre, at teknologien bliver en kilde til distraktion, og give dig mulighed for at fordybe dig fuldt ud i dit arbejde.

Konklusionen er, at teknologi kan være en stærk allieret, når det gælder om at forbedre fokus og koncentration. Ved at rydde op i dit digitale rum, bruge produktivitetsapps og -værktøjer, udnytte browserudvidelser, tage digitale noter og organisationsværktøjer i brug, automatisere gentagne opgaver og praktisere bevidst teknologibrug kan du udnytte teknologiens potentiale til at øge din produktivitet og holde fokus på dine opgaver. Husk at bruge teknologien som et værktøj til at understøtte dine mål og prioriteter i stedet for at lade den styre din opmærksomhed og distrahere dig fra det, der virkelig betyder noget.

8.6 Udvikling af en daglig rutine for optimalt fokus

At udvikle en daglig rutine kan i høj grad forbedre fokus og koncentration. Ved at etablere et struktureret skema kan du skabe en følelse af orden og stabilitet i din dag, så dit sind kan fokusere på de opgaver, du har for hånden. Her er nogle tips til at udvikle en daglig rutine, der fremmer optimalt fokus:

Indstil en konsekvent vækningstid: Start din dag på samme tid hver morgen for at etablere en regelmæssig søvn-vågen-cyklus. Det hjælper med at regulere kroppens indre ur og fremmer årvågenhed i løbet af dagen.

Prioriter vigtige opgaver: Identificer de vigtigste opgaver eller mål for dagen, og afsæt tid til at arbejde med dem. Ved at prioritere disse opgaver kan du sikre, at du bruger din bedste energi og opmærksomhed på dem.

Del opgaverne op i håndterbare bidder: Store opgaver kan være overvældende og føre til overspringshandlinger. Del dem op i mindre, mere håndterbare opgaver, og planlæg specifikke tidsblokke til at arbejde på hver enkelt. Denne tilgang hjælper med at holde fokus og forhindrer, at man føler sig overvældet.

Eliminer distraktioner: Minimér distraktioner i dine omgivelser for at bevare fokus. Sluk for notifikationer på din telefon eller computer, luk unødvendige faner eller apps, og skab et særligt arbejdsområde, der er fri for rod og forstyrrelser.

Tag regelmæssige pauser: Selv om det kan virke kontraintuitivt, kan regelmæssige pauser faktisk forbedre fokus og produktivitet. Planlæg korte pauser i løbet af dagen for at hvile og lade op. Brug tiden til at strække ud, gå en tur eller lave en kort mindfulness-øvelse for at klare tankerne.

Inkorporer fysisk aktivitet: Fysisk aktivitet har vist sig at styrke den kognitive funktion og forbedre fokus. Find tid i din daglige rutine til at dyrke motion eller bevægelse, hvad enten det er træning, yoga eller en simpel gåtur. Det kan hjælpe med at øge opmærksomheden og forbedre koncentrationen.

Øv dig i mindfulness: Inkorporer mindfulness-teknikker i din daglige rutine for at dyrke fokus og koncentration. Afsæt tid til meditation eller mindfulness-øvelser som f.eks. dyb vejrtrækning eller kropsscanning. Disse øvelser kan hjælpe med at berolige sindet og forbedre den mentale klarhed.

Etabler en nedtrapningsrutine: Skab en rutine for at slappe af sidst på dagen, så du signalerer til dit sind og din krop, at det er tid til at slappe af og forberede dig på en god søvn. Det kan omfatte aktiviteter som at læse, skrive dagbog eller praktisere afslapningsteknikker.

Oprethold et konsekvent søvnskema: Tilstræb at gå i seng på samme tid hver aften for at etablere en regelmæssig søvnrutine. Kvalitetssøvn er afgørende for optimal kognitiv funktion og koncentration. Skab en afslappende rutine ved sengetid, der fremmer afslappende søvn, f.eks. ved at undgå skærme før sengetid og skabe et behageligt sovemiljø.

Ved at udvikle en daglig rutine, der indeholder disse strategier, kan du optimere dit fokus og din koncentration i løbet af dagen. Konsistens og disciplin er nøglen til at etablere og vedligeholde denne rutine. Med tiden og øvelse vil du opdage, at din koncentrationsevne forbedres, hvilket fører til øget produktivitet og en større følelse af at have opnået noget.

9 At dyrke mindfulness i hverdagen

I dette kapitel vil vi udforske kraften i mindfulness, og hvordan den kan dyrkes i vores hverdag. Mindfulness er den praksis, hvor vi er fuldt ud til stede og opmærksomme på vores tanker, følelser og fornemmelser i nuet uden at dømme eller knytte an. Det giver os mulighed for at udvikle en dybere forståelse af os selv og verden omkring os, hvilket fører til større klarhed, fred og tilfredsstillelse.

I dette kapitel vil vi dykke ned i forskellige aspekter af mindfulness og dens anvendelse på forskellige områder af vores liv. Vi vil opdage, hvordan mindfulness kan forbedre vores spise- og drikkeoplevelser, forbedre vores kommunikations- og lyttefærdigheder og endda forandre vores forhold og sociale interaktioner. Derudover vil vi udforske, hvordan mindfulness kan integreres i vores daglige aktiviteter og gøre selv de mest banale opgaver til en kilde til glæde og nærvær.

Ved at dyrke mindfulness i vores hverdag kan vi frigøre os fra overtænkningens greb og finde trøst i nuet. Gennem praktiske øvelser, teknikker og indsigter lærer vi, hvordan vi kan bringe mindfulness ind i vores liv og opleve dens dybe fordele. Så lad os gå i gang med denne selvopdagelsesrejse og lære, hvordan vi dyrker mindfulness i vores hverdag.

9.1 Fordelene ved mindfulness for overtænkere

Mindfulness er en stærk praksis, som kan være til stor gavn for personer, der har tendens til at overtænke. Ved at dyrke mindfulness i hverdagen kan overtænkere finde lindring fra den konstante strøm af tanker og bekymringer, der ofte optager deres sind.

En af de vigtigste fordele ved mindfulness for overtænkere er evnen til at rette deres opmærksomhed mod nuet. Overtænkning indebærer ofte, at man dvæler ved tidligere begivenheder eller bekymrer sig om fremtiden, hvilket kan føre til øget stress og angst. Ved at praktisere mindfulness kan overtænkere lære at fokusere deres opmærksomhed på nuet, så de kan give slip på tidligere fortrydelser og usikkerhed om fremtiden.

Mindfulness hjælper også overtænkere med at udvikle en større følelse af selvbevidsthed. Gennem mindfulness-øvelser som meditation og kropsscanning kan man blive mere opmærksom på sine tanker, følelser og fysiske fornemmelser. Denne øgede selvbevidsthed gør det muligt for overtænkere at genkende, når de bliver fanget i deres tanker, og hjælper dem med at frigøre sig fra uhensigtsmæssige tankemønstre.

Desuden kan mindfulness hjælpe overtænkere med at udvikle en mere medfølende og ikke-dømmende holdning til sig selv. Overtænkning involverer ofte selvkritik og hårde domme, som kan bidrage til følelser af utilstrækkelighed og lavt selvværd. Ved at praktisere mindfulness kan overtænkere lære at observere deres tanker og følelser uden at dømme, hvilket giver en følelse af selvaccept og selvmedfølelse.

Desuden kan mindfulness forbedre det generelle mentale velbefindende hos overtænkere. Forskning har vist, at regelmæssig mindfulness-praksis kan reducere symptomer på angst og depression, som ofte er forbundet med overtænkning. Ved at dyrke mindfulness kan overtænkere udvikle en større følelse af ro og indre fred, hvilket giver dem mulighed for at navigere i livets udfordringer med større lethed.

Endelig kan mindfulness forbedre overtænkeres evne til at træffe klare og rationelle beslutninger. Overtænkning fører ofte til analyselammelse, hvor man sidder fast i en cyklus, hvor man overanalyserer og tvivler på sig selv. Ved at praktisere mindfulness kan overtænkere lære at observere deres tanker og følelser uden at blive fanget af dem, hvilket giver dem mulighed for at træffe beslutninger ud fra et sted med klarhed og intuition.

Konklusionen er, at der er mange fordele ved at dyrke mindfulness i hverdagen for overtænkere. Fra at rette opmærksomheden mod nuet til at udvikle selvbevidsthed og selvmedfølelse kan mindfulness hjælpe overtænkere med at finde lindring fra den konstante mentale snak og opleve større ro i sindet. Ved at indarbejde mindfulness-praksis i deres daglige rutiner kan overtænkere opdyrke et mere afbalanceret og opmærksomt liv.

9.2 At øve sig i at spise og drikke med omtanke

I vores hurtige og travle liv er det let at falde ind i vanen med at spise og drikke uden at tænke over det. Vi spiser ofte på farten, foran en skærm eller mens vi multitasker, uden at nyde eller sætte pris på vores mad og drikke. Men at øve sig i at spise og drikke med omtanke kan bringe os tilbage til nuet og hjælpe os med at udvikle et sundere forhold til mad.

Mindful spisning indebærer fuld opmærksomhed på oplevelsen af at spise uden fordømmelse eller distraktion. Det handler om at være fuldt ud til stede og opmærksom på smagen, konsistensen og fornemmelsen af hver bid eller slurk. Ved at sætte farten ned og nyde vores måltider kan vi øge vores nydelse og tilfredshed samt forbedre vores fordøjelse og generelle velbefindende.

For at praktisere mindful spisning skal du starte med at skabe et roligt og indbydende spisemiljø. Sæt tid af til måltiderne, og find et roligt sted, hvor du kan fokusere på din mad uden forstyrrelser. Sluk for tv'et, læg telefonen væk, og skab en fredelig atmosfære, der giver dig mulighed for at engagere dig fuldt ud i dit måltid.

Før du begynder at spise, skal du tage et øjeblik til at stoppe op og komme i kontakt med din krop og dit åndedræt. Tag et par dybe indåndinger for at centrere dig selv og bringe din opmærksomhed til nuet. Læg mærke til eventuelle fornemmelser eller følelser, der opstår i dig, uden at dømme eller analysere.

Når du begynder at spise, skal du rette din fulde opmærksomhed mod maden foran dig. Læg mærke til madens farver, former og teksturer. Brug et øjeblik på at sætte pris på den indsats og omhu, der er lagt i at tilberede den. Tag langsomt din første bid, nyd smagen og giv dig selv lov til at opleve smagen og konsistensen fuldt ud.

Når du fortsætter med at spise, så prøv at spise langsomt og med omtanke. Tyg hver bid grundigt, og vær opmærksom på fornemmelserne i munden og på at synke. Læg redskaberne fra dig mellem bidderne, og brug et øjeblik på at opleve maden i munden, før du tager endnu en bid.

Tjek ind med din krop under hele måltidet, og læg mærke til, hvordan den har det. Begynder du at føle dig mæt eller tilfreds? Er der nogen trang eller følelser, der opstår? Giv dig selv lov til at lytte til din krops signaler og respektere dens behov. Hvis du ikke længere er sulten, kan du overveje at stoppe med at spise, selv om der stadig er mad tilbage på tallerkenen.

Ud over at spise med omtanke kan det at drikke med omtanke også forbedre vores generelle velbefindende. Uanset om det er en kop te, et glas vand eller en favoritdrik, kan det give en følelse af ro og næring at tage sig tid til at opleve og værdsætte det at drikke.

Når du skal til at drikke, så tag et øjeblik til at stoppe op og rette din opmærksomhed mod drikken foran dig. Læg mærke til farve, temperatur og aroma. Når du tager din første slurk, skal du nyde smagen og mærke væsken, når den kommer ind i munden og bevæger sig ned i halsen. Giv dig selv lov til at opleve fornemmelserne fuldt ud og sætte pris på den næring, den giver.

Prøv i løbet af dagen at indarbejde øjeblikke, hvor du spiser og drikker med omtanke, i din rutine. Uanset om det er en hurtig snack eller et afslappet måltid, så tag dig tid til at sætte tempoet ned, nyde hver bid eller slurk og engagere dig fuldt ud i oplevelsen. Ved at øve dig i at spise og drikke med omtanke kan du dyrke en dybere forbindelse med din krop, øge din madglæde og give dig selv næring på et fysisk og følelsesmæssigt plan.

9.3 Mindful kommunikation og aktiv lytning

I vores tempofyldte og teknologidrevne verden er kommunikation blevet vigtigere end nogensinde. Men mange af os oplever ofte, at vi deltager i samtaler uden virkelig at være til stede. Vi er måske fysisk til stede, men vores sind er et andet sted, optaget af vores egne tanker og bekymringer. Denne mangel på opmærksom kommunikation kan føre til misforståelser, konflikter og forspildte muligheder for at skabe kontakt.

Mindful kommunikation handler om at være fuldt ud til stede og engageret i vores samspil med andre. Det indebærer at lytte med et åbent sind og hjerte uden at dømme eller afbryde. Når vi praktiserer mindful kommunikation, skaber vi plads til dybere forståelse, empati og forbindelse.

Et centralt aspekt af mindful kommunikation er aktiv lytning. Aktiv lytning er kunsten at fokusere fuldt ud på taleren og hans eller hendes budskab uden distraktioner eller forudfattede meninger. Det indebærer, at vi giver vores fulde opmærksomhed, både verbalt og nonverbalt, til den person, der taler. Det betyder, at vi holder øjenkontakt, nikker eller bruger andre nonverbale signaler til at vise forståelse og afstår fra at afbryde eller formulere vores svar, mens den anden person taler.

Aktiv lytning indebærer også, at vi er opmærksomme på vores egne interne reaktioner og fordomme. Det kræver, at vi lægger vores egen dagsorden til side og virkelig lytter til den andens perspektiv, selv om det adskiller sig fra vores eget. Ved at lade være med at dømme og være åben over for forskellige synspunkter skaber vi et sikkert og støttende rum for meningsfuld dialog.

Ud over aktiv lytning indebærer mindful kommunikation også, at vi vælger vores ord med omhu. Det betyder, at vi taler med vilje og er bevidste om den effekt, vores ord kan have på andre. Mindful kommunikation opfordrer os til at udtrykke os ærligt og autentisk, samtidig med at vi tager hensyn til følelser og behov hos den person, vi kommunikerer med.

At praktisere mindful kommunikation kan have mange fordele i vores personlige og professionelle relationer. Det kan øge forståelsen, tilliden og empatien og føre til mere harmoniske og tilfredsstillende forbindelser. Mindful kommunikation kan også hjælpe os med at navigere i konflikter og uoverensstemmelser med større lethed og medfølelse.

For at kultivere mindful kommunikation i hverdagen kan vi starte med at bringe bevidsthed ind i vores samtaler. Før du går i gang med en samtale, skal du bruge et øjeblik på at jordforbinde dig selv og sætte dig for at være fuldt ud til stede. Læg mærke til eventuelle distraktioner eller fordomme, der opstår, og bring forsigtigt din opmærksomhed tilbage til nuet.

Under samtalen skal du øve dig i at lytte aktivt ved at give din fulde opmærksomhed til den, der taler. Undgå fristelsen til at afbryde eller formulere dit svar, mens de taler. Fokuser i stedet på virkelig at forstå deres perspektiv og bekræfte deres oplevelse.

Når det er din tur til at tale, skal du vælge dine ord med omtanke. Overvej, hvilken indflydelse de kan have på den anden person, og udtryk dig med klarhed og venlighed. Vær åben for feedback og villig til at justere din kommunikationsstil, hvis det er nødvendigt.

Husk, at mindful kommunikation er en praksis, der kræver tålmodighed og selvindsigt. Det kan tage tid at bryde gamle vaner og udvikle nye. Men med en konsekvent indsats kan vi opdyrke en mere mindful tilgang til kommunikation og opleve dybere forbindelser og forståelse i vores relationer.

9.4 Mindful bevægelse og motion

At indarbejde mindful bevægelse og motion i din daglige rutine kan i høj grad forbedre din mindfulness-praksis og dit generelle velbefindende. Når du dyrker fysisk aktivitet med en mindful tilgang, kan du komme helt i kontakt med din krop og det nuværende øjeblik, hvilket fremmer en dybere følelse af bevidsthed og påskønnelse af dine fysiske evner.

Når man praktiserer mindful bevægelse, er fokus ikke udelukkende på at opnå et bestemt fitnessmål eller presse kroppen til det yderste. I stedet handler det om at være opmærksom på de fornemmelser, bevægelser og det åndedræt, der er forbundet med hver øvelse eller aktivitet. Denne bevidste opmærksomhed hjælper med at kultivere en forbindelse mellem krop og sind og fremmer en følelse af ro og centrering.

En måde at indarbejde mindful bevægelse i din rutine er gennem aktiviteter som yoga eller tai chi. Disse praksisser lægger vægt på langsomme, bevidste bevægelser, der er synkroniseret med åndedrættet. Ved at fokusere på kroppens fornemmelser og tilpasning under hver stilling eller bevægelse kan du opdyrke en dyb følelse af nærvær og afslapning.

En anden mulighed for mindful bevægelse er at deltage i aktiviteter, der giver dig mulighed for at komme i kontakt med naturen, f.eks. gå- eller vandreture. Når du bevæger dig gennem naturlige omgivelser, skal du tage dig tid til at lægge mærke til synet, lydene og lugtene omkring dig. Vær opmærksom på fornemmelsen af, at dine fødder rører jorden, rytmen i dit åndedræt og følelsen af luften mod din hud. Denne mindful tilgang til bevægelse kan hjælpe dig med at føle dig mere jordbunden og forbundet med verden omkring dig.

Ud over strukturerede øvelser kan du også bringe mindfulness ind i dine daglige bevægelser. Uanset om du vasker op, laver havearbejde eller huslige pligter, så gå til disse aktiviteter med en følelse af mindfulness. Læg mærke til din krops bevægelser, fornemmelserne i dine muskler og de lyde og teksturer, der er forbundet med hver opgave. Ved at rette din fulde opmærksomhed mod disse hverdagsbevægelser kan du forvandle dem til muligheder for mindfulness og egenomsorg.

Regelmæssig fysisk aktivitet har mange fordele for både dit fysiske og mentale velbefindende. Når det kombineres med en mindful tilgang, bliver motion et stærkt redskab til at dyrke mindfulness og reducere stress. Ved at indarbejde mindful bevægelse og motion i din daglige rutine kan du forbedre din generelle mindfulness-praksis og opleve en større følelse af balance og velbefindende i dit liv.

9.5 Mindfulness i relationer og sociale interaktioner

I vores hurtige og sammenkoblede verden spiller relationer og sociale interaktioner en vigtig rolle i vores liv. Men de kan også være en kilde til stress og angst, især for dem, der har tendens til at overtænke. At dyrke mindfulness i forhold til relationer og sociale interaktioner kan hjælpe os med at navigere i disse dynamikker med større lethed og autenticitet.

Mindfulness i parforhold starter med at være fuldt ud til stede og opmærksom på den eller de personer, vi interagerer med. Det indebærer at lytte aktivt til deres ord, observere deres kropssprog og lytte til deres følelser. Ved at give vores fulde opmærksomhed til nuet kan vi bedre forstå og føle empati med andre, hvilket fremmer dybere forbindelser og mere meningsfulde relationer.

Et aspekt af mindfulness i relationer er at praktisere ikke-dømmelse. Ofte bringer vi forudfattede meninger og fordomme ind i vores interaktioner, hvilket kan hindre ægte forståelse og forbindelse. Ved at give slip på fordomme og nærme os hver interaktion med et åbent sind, skaber vi plads til, at accept og medfølelse kan blomstre.

Et andet vigtigt aspekt af mindfulness i relationer er effektiv kommunikation. Mindful kommunikation indebærer at tale med hensigt og klarhed, samtidig med at man er modtagelig over for andres behov og perspektiver. Det betyder, at vi udtrykker os ærligt og autentisk, samtidig med at vi er opmærksomme på, hvilken indvirkning vores ord kan have på andre. Ved at praktisere mindful kommunikation kan vi fremme sundere og mere harmoniske relationer.

Mindfulness spiller også en afgørende rolle i håndteringen af konflikter og uoverensstemmelser i parforholdet. Når der opstår konflikter, er det let at blive fanget af vores egne tanker og følelser, hvilket fører til reaktive og uhensigtsmæssige reaktioner. Ved at dyrke mindfulness kan vi stoppe op, træde et skridt tilbage og reagere på konflikter med større bevidsthed og medfølelse. Mindfulness giver os mulighed for at nærme os konflikter med nysgerrighed og en vilje til at forstå i stedet for at reagere impulsivt eller defensivt.

I sociale interaktioner kan mindfulness hjælpe os med at navigere i forskellige sociale situationer med større lethed og autenticitet. Det indebærer, at vi er opmærksomme på vores egne tanker, følelser og adfærd samt på dynamikken og forventningerne i den sociale kontekst. Ved at være til stede og afstemt med os selv og andre kan vi reagere på sociale signaler og deltage i samtaler med ægte interesse og empati.

At praktisere mindfulness i relationer og sociale interaktioner kræver en konsekvent indsats og selvbevidsthed. Det indebærer at opdyrke en ikke-dømmende holdning, praktisere effektiv kommunikation, håndtere konflikter med medfølelse og være til stede i sociale situationer. Ved at integrere mindfulness i vores relationer og sociale interaktioner kan vi skabe dybere forbindelser, forbedre vores forståelse af andre og dyrke mere tilfredsstillende og harmoniske relationer.

9.6 Integrering af mindfulness i daglige aktiviteter

For virkelig at kunne dyrke mindfulness i hverdagen er det vigtigt at integrere det i vores daglige aktiviteter. Mindfulness er ikke kun noget, vi praktiserer under meditation eller i særlige øjeblikke af stilhed; det er en måde at være på, som kan indarbejdes i alle aspekter af vores liv.

En måde at integrere mindfulness i de daglige aktiviteter på er at bringe vores fulde opmærksomhed og bevidsthed til det, vi laver i nuet. Uanset om det er at børste tænder, vaske op eller gå på arbejde, kan vi bringe en følelse af mindfulness ind i disse aktiviteter ved at være opmærksomme på de fornemmelser, tanker og følelser, der opstår.

Når vi for eksempel børster tænder, kan vi fokusere på følelsen af børstehårene mod vores tænder og tandkød, smagen af tandpastaen og lyden af børsten, der bevæger sig frem og tilbage. Ved at rette opmærksomheden mod disse sanseoplevelser kan vi forankre os selv i nuet og opdyrke en følelse af ro og nærvær.

En anden måde at integrere mindfulness i de daglige aktiviteter på er at øve sig i at spise opmærksomt. I stedet for at skynde os gennem måltiderne eller spise på autopilot kan vi være opmærksomme på spiseprocessen. Det indebærer at være opmærksom på madens farver, tekstur og smag samt fornemmelsen af at tygge og synke.

Ved at sætte farten ned og nyde hver bid kan vi fuldt ud opleve den næring og nydelse, som maden giver. Mindful spisning indebærer også, at vi indstiller os på kroppens signaler om sult og mæthed og spiser på en måde, der er afstemt efter kroppens behov.

Ud over at bringe mindfulness ind i individuelle aktiviteter kan vi også dyrke mindfulness i vores samspil med andre. Det indebærer at være fuldt ud til stede og engageret i samtaler, at lytte opmærksomt og at reagere med venlighed og medfølelse.

Ved at praktisere mindful kommunikation kan vi uddybe vores forbindelser med andre og fremme en følelse af forståelse og empati. Mindful kommunikation indebærer også, at vi er opmærksomme på vores egne tanker og følelser under interaktioner og reagerer på en måde, der er mindful og dygtig.

At integrere mindfulness i de daglige aktiviteter kræver ikke noget særligt udstyr eller ekstra tid; det indebærer blot et skift i vores tankegang og en forpligtelse til at være til stede i hvert øjeblik. Ved at bringe mindfulness ind i vores daglige aktiviteter kan vi forvandle almindelige øjeblikke til muligheder for vækst, kontakt og selvopdagelse.

Når vi fortsætter med at dyrke mindfulness i hverdagen, vil vi måske opleve, at det bliver en naturlig og ubesværet måde at være på. Jo mere vi øver os, jo mere vil vi lægge mærke til fordelene ved mindfulness, der gennemsyrer alle områder af vores liv, fra vores relationer og arbejde til vores generelle velbefindende.

Så når du går rundt i din hverdag, vil jeg opfordre dig til at eksperimentere med at integrere mindfulness i dine daglige aktiviteter. Uanset om det er at gå en mindful tur, praktisere mindful vejrtrækning, mens du venter i køen, eller blot stoppe op og lægge mærke til fornemmelserne i din krop, så giver hvert øjeblik mulighed for at dyrke mindfulness og uddybe din forbindelse til nuet.

Kapitel 10 Opbygning af modstandsdygtighed og følelsesmæssigt velbefindende

I dette kapitel vil vi udforske de væsentlige aspekter af at opbygge modstandskraft og pleje følelsesmæssigt velvære. Modstandskraft er evnen til at komme tilbage fra modgang og navigere gennem livets udfordringer med styrke og ynde. Følelsesmæssig trivsel henviser derimod til vores evne til at forstå og håndtere vores følelser effektivt, hvilket fører til et mere afbalanceret og tilfredsstillende liv.

I dette kapitel vil vi dykke ned i forskellige strategier og teknikker, der kan hjælpe dig med at udvikle modstandskraft og forbedre din følelsesmæssige intelligens. Vi vil diskutere strategier til at håndtere stressede situationer, opbygge følelsesmæssig bevidsthed og regulering, pleje positive relationer og støttesystemer, praktisere selvomsorg og selvmedfølelse og søge professionel hjælp, når det er nødvendigt.

Ved at implementere disse metoder og dyrke en modstandsdygtig tankegang vil du være bedre rustet til at håndtere livets op- og nedture, opretholde en følelse af følelsesmæssig balance og trives i modgang. Så lad os gå i gang med at opbygge modstandskraft og pleje følelsesmæssigt velvære sammen.

10.1 Forståelse af modstandsdygtighed og følelsesmæssig intelligens

Modstandsdygtighed og følelsesmæssig intelligens er to vigtige komponenter i opbygningen og opretholdelsen af følelsesmæssigt velbefindende. Modstandskraft refererer til evnen til at komme sig over modgang, udfordringer og tilbageslag. Det er evnen til at tilpasse sig og komme sig hurtigt i lyset af stress, traumer eller vanskelige omstændigheder. Følelsesmæssig intelligens er på den anden side evnen til at genkende, forstå og håndtere egne og andres følelser.

Modstandsdygtighed og følelsesmæssig intelligens går hånd i hånd, da de begge bidrager til vores overordnede mentale og følelsesmæssige styrke. Når vi har en høj grad af modstandskraft, er vi bedre rustet til at håndtere livets op- og nedture, og vi er mere tilbøjelige til at komme tilbage efter tilbageslag. Følelsesmæssig intelligens giver os mulighed for at navigere effektivt i vores følelser, forstå andres følelser og opbygge sunde relationer.

At forstå modstandsdygtighed indebærer at erkende, at det ikke handler om at undgå eller eliminere udfordringer og vanskeligheder i livet. I stedet handler det om at udvikle de færdigheder og det tankesæt, der skal til for at klare og overvinde disse udfordringer. Modstandsdygtighed er ikke en fastlåst egenskab; den kan dyrkes og styrkes gennem forskellige praksisser og strategier.

Følelsesmæssig intelligens indebærer derimod, at vi er bevidste om vores egne følelser, og hvordan de påvirker vores tanker, adfærd og relationer. Det indebærer også at være i stand til at føle med andre, forstå deres følelser og kommunikere effektivt med dem. Følelsesmæssig intelligens kan udvikles gennem selvrefleksion, selvbevidsthed og ved at øve sig i empati og aktiv lytning.

Både modstandsdygtighed og følelsesmæssig intelligens er afgørende for at opbygge og bevare følelsesmæssigt velbefindende. De hjælper os med at navigere i livets uundgåelige op- og nedture, håndtere stress og modgang og opbygge sunde relationer. Ved at forstå og udvikle disse færdigheder kan vi forbedre vores generelle følelsesmæssige velbefindende og leve et mere tilfredsstillende liv.

I de næste afsnit af dette kapitel vil vi udforske forskellige strategier og teknikker til at udvikle modstandskraft og følelsesmæssig intelligens. Vi vil dykke ned i strategier til at håndtere stressede situationer, opbygge følelsesmæssig bevidsthed og regulering, pleje positive relationer og støttesystemer, praktisere selvomsorg og selvmedfølelse og søge professionel hjælp, når det er nødvendigt. Ved at indarbejde disse praksisser i vores liv kan vi opdyrke modstandskraft og følelsesmæssig intelligens, hvilket fører til større følelsesmæssigt velvære og et mere tilfredsstillende liv.

10.2 Udvikling af mestringsstrategier til stressede situationer

For at opbygge modstandskraft og forbedre det følelsesmæssige velbefindende er det afgørende at udvikle effektive strategier til at håndtere stressende situationer. Stress er en naturlig del af livet, og alle oplever det i en eller anden grad. Men det er den måde, vi reagerer på stress på, der i høj grad kan påvirke vores generelle velbefindende.

En vigtig mestringsstrategi er at identificere og anerkende dine stressudløsere. Ved at forstå, hvilke situationer eller begivenheder der har tendens til at stresse dig, kan du bedre forberede dig på at håndtere dem. Det kan indebære at genkende mønstre eller fælles temaer i dine stressfaktorer, f.eks. deadlines, konflikter eller overvældende ansvar.

Når du har identificeret dine stressudløsere, er det vigtigt at udvikle sunde måder at håndtere dem på. Det kan være ved at praktisere afslapningsteknikker som dybe vejrtrækningsøvelser, meditation eller aktiviteter, der giver dig glæde og hjælper dig med at slappe af. At finde sunde udveje for stress, som f.eks. motion, hobbyer eller at tilbringe tid i naturen, kan også være effektivt til at reducere stressniveauet.

En anden vigtig mestringsstrategi er at prioritere egenomsorg. Det er vigtigt at tage sig af sit fysiske og mentale velbefindende for at kunne håndtere stress. Det kan indebære at få nok søvn, spise en afbalanceret kost og dyrke regelmæssig motion. Det er også vigtigt at sætte grænser og lære at sige nej, når det er nødvendigt, for at undgå at blive overvældet.

Ud over egenomsorg kan det være utroligt gavnligt at søge støtte fra andre for at håndtere stress. Det kan indebære at tale med en betroet ven eller et familiemedlem om dine følelser, søge vejledning hos en mentor eller terapeut eller deltage i en støttegruppe. At have et stærkt støttesystem kan give dig den følelsesmæssige støtte og det perspektiv, der er nødvendigt for at navigere gennem stressede situationer.

Desuden er det vigtigt at praktisere positiv selvsnak og udfordre negative tanker. Ofte kan vores egne tanker og overbevisninger bidrage til vores stressniveau. Ved at omformulere negative tanker og erstatte dem med mere positive og realistiske tanker kan vi reducere stressens indvirkning på vores følelsesmæssige velbefindende.

Endelig er det vigtigt at huske, at mestringsstrategier kan variere fra person til person. Hvad der virker for én person, virker måske ikke for en anden. Det er vigtigt at eksperimentere med forskellige mestringsteknikker og finde ud af, hvad der fungerer bedst for dig. Det kan også være nyttigt at søge professionel hjælp, hvis du har svært ved at håndtere stress på egen hånd.

Ved at udvikle effektive strategier til at håndtere stressede situationer kan du opbygge modstandskraft og forbedre dit følelsesmæssige velbefindende. Husk at prioritere egenomsorg, søge støtte fra andre, udfordre negative tanker og finde sunde udveje for stress. Med tid og øvelse kan du udvikle en værktøjskasse med mestringsstrategier, der hjælper dig med at navigere gennem livets udfordringer med større lethed og modstandskraft.

10.3 Opbygning af følelsesmæssig bevidsthed og regulering

Opbygning af følelsesmæssig bevidsthed og regulering er et afgørende aspekt af at opbygge modstandskraft og følelsesmæssigt velvære. Når vi er i stand til at forstå og regulere vores følelser effektivt, kan vi navigere gennem udfordrende situationer med større lethed og bevare en følelse af balance i vores liv.

Følelsesmæssig bevidsthed indebærer, at vi genkender og forstår vores egne følelser og er lydhøre over for andres følelser. Det kræver, at vi er til stede og opmærksomme på vores følelser uden at dømme eller undertrykke dem. Ved at udvikle følelsesmæssig bevidsthed kan vi få indsigt i de underliggende årsager til vores følelser og træffe mere informerede valg om, hvordan vi skal reagere.

En måde at opbygge følelsesmæssig bevidsthed på er gennem selvrefleksion og introspektion. Hvis vi tager os tid til at stoppe op og reflektere over vores følelser, kan det hjælpe os med at identificere mønstre, udløsere og tilbagevendende temaer i vores følelsesmæssige oplevelser. At skrive dagbog kan være et nyttigt redskab i denne proces, da det giver os mulighed for at udforske og udtrykke vores følelser i et sikkert og privat rum.

Et andet vigtigt aspekt af at opbygge følelsesmæssig bevidsthed er at praktisere selvmedfølelse. Det indebærer, at vi behandler os selv med venlighed og forståelse, især når vi oplever svære følelser. Ved at anerkende og acceptere vores følelser uden at dømme kan vi skabe et sikkert og støttende indre miljø, der fremmer følelsesmæssigt velvære.

Når vi har udviklet følelsesmæssig bevidsthed, er næste skridt at lære at regulere vores følelser effektivt. Følelsesmæssig regulering indebærer at styre og modulere vores følelsesmæssige reaktioner på en måde, der er adaptiv og sund. Det giver os mulighed for at reagere på udfordrende situationer på en rolig og afbalanceret måde i stedet for at reagere impulsivt eller blive overvældet.

Der findes forskellige strategier, som kan hjælpe os med at regulere vores følelser. En effektiv teknik er dyb vejrtrækning, som indebærer at tage langsomme, dybe indåndinger for at aktivere kroppens afslapningsrespons. Det kan hjælpe med at reducere følelser af stress og angst og fremme en følelse af ro.

At deltage i aktiviteter, der giver os glæde og afslapning, kan også være gavnligt for den følelsesmæssige regulering. Det kan være hobbyer, motion, at være i naturen eller at være sammen med sine nærmeste. Aktiviteter, der fremmer selvomsorg og selvmedfølelse, kan hjælpe os med at genoplade og genopbygge vores følelsesmæssige ressourcer.

Derudover kan det at søge støtte fra andre være medvirkende til at opbygge følelsesmæssig bevidsthed og regulering. At tale med en betroet ven, et familiemedlem eller en terapeut kan give os et andet perspektiv og hjælpe os med at få indsigt i vores følelser. De kan også tilbyde vejledning og støtte, når vi navigerer gennem udfordrende følelser og situationer.

Opbygning af følelsesmæssig bevidsthed og regulering er en løbende proces, der kræver tålmodighed, øvelse og selvrefleksion. Ved at udvikle disse færdigheder kan vi forbedre vores modstandskraft og følelsesmæssige velbefindende og opdyrke en større følelse af balance og tilfredsstillelse i vores liv.

10.4 Fremme af positive relationer og støttesystemer

Positive relationer og støttesystemer spiller en afgørende rolle i opbygningen af modstandskraft og følelsesmæssigt velbefindende. Når vi har stærke forbindelser til andre, føler vi os støttet, forstået og værdsat, hvilket i høj grad kan forbedre vores evne til at klare udfordringer og komme tilbage efter modgang.

En måde at pleje positive relationer på er ved at prioritere åben og ærlig kommunikation. Det indebærer, at vi aktivt lytter til andre, udtrykker vores tanker og følelser på en respektfuld måde og er modtagelige for feedback. Ved at fremme effektiv kommunikation kan vi uddybe vores forbindelser med vores nærmeste og opbygge tillid og forståelse.

Et andet vigtigt aspekt af at pleje positive relationer er at praktisere empati og medfølelse. Det indebærer, at vi sætter os i andres sted, søger at forstå deres perspektiver og tilbyder støtte og venlighed. Ved at vise empati og medfølelse skaber vi et trygt og støttende miljø, hvor folk føler sig trygge ved at dele deres problemer og søge hjælp, når de har brug for det.

Ud over at pleje forholdet til familie og venner er det også gavnligt at opdyrke et støttesystem uden for vores nærmeste kreds. Det kan være at deltage i støttegrupper, søge vejledning hos mentorer eller coaches eller få kontakt med ligesindede, der deler samme interesser eller mål. At have et mangfoldigt støttesystem giver os mulighed for at få forskellige perspektiver, modtage værdifulde råd og føle et tilhørsforhold og et fællesskab.

Det er vigtigt at huske, at pleje af positive relationer og støttesystemer går begge veje. Ligesom vi søger støtte fra andre, skal vi også være villige til at tilbyde støtte og være der for vores nærmeste, når de har brug for det. Ved at være en pålidelig og omsorgsfuld tilstedeværelse i andres liv styrker vi vores relationer og skaber et gensidigt støttesystem, som er til gavn for alle involverede.

Konklusionen er, at det er vigtigt at pleje positive relationer og støttesystemer for at opbygge modstandskraft og følelsesmæssigt velbefindende. Ved at prioritere åben kommunikation, praktisere empati og medfølelse og opdyrke et mangfoldigt støttenetværk kan vi skabe et stærkt fundament af støtte, der hjælper os med at navigere i livets udfordringer med større lethed og modstandskraft.

10.5 At praktisere selvomsorg og selvmedfølelse

På rejsen mod at opbygge modstandskraft og følelsesmæssigt velvære spiller selvomsorg og selvmedfølelse en afgørende rolle. Det indebærer at tage bevidste skridt til at prioritere og pleje dine egne fysiske, mentale og følelsesmæssige behov. Ved at praktisere selvomsorg og selvmedfølelse kan du opdyrke en dybere følelse af selvbevidsthed, selvaccept og generelt velbefindende.

Egenomsorg omfatter en bred vifte af aktiviteter og praksisser, der fremmer selvpleje og selvfornyelse. Det indebærer, at man anerkender og respekterer sine egne behov, både fysisk og følelsesmæssigt. Det kan omfatte aktiviteter som at få nok søvn, spise næringsrige måltider, dyrke regelmæssig motion og tage sig tid til afslapning og fritidsaktiviteter, der giver dig glæde og foryngelse. Det indebærer også at sætte grænser og sige nej til aktiviteter eller forpligtelser, der dræner dig for energi eller ikke stemmer overens med dine værdier og prioriteter.

Selvmedfølelse indebærer på den anden side at behandle sig selv med venlighed, forståelse og empati, især i tider med vanskeligheder eller fiasko. Det betyder, at man anerkender og accepterer sine egne ufuldkommenheder og fejl uden at dømme eller kritisere sig selv. Selvmedfølelse indebærer, at man giver sig selv den samme omsorg, støtte og opmuntring, som man ville give en nær ven eller en, man elsker. Det handler om at være blid ved sig selv og praktisere selvaccept, selv når man står over for udfordringer eller tilbageslag.

At praktisere selvomsorg og selvmedfølelse kan have mange fordele for dit generelle velbefindende. Det kan hjælpe med at reducere stress, forbedre dit humør og forbedre din evne til at håndtere vanskelige følelser og situationer. Ved at prioritere dine egne behov og passe på dig selv er du bedre rustet til at håndtere hverdagens krav og udfordringer. Det giver dig også mulighed for at vise dig mere fuldt ud og autentisk i dine relationer og samspil med andre.

For at praktisere selvomsorg og selvmedfølelse er det vigtigt at opdyrke en tankegang med selvvenlighed og ikke-dømmelse. Det indebærer, at man udfordrer negativ selvsnak eller selvkritiske tanker og erstatter dem med mere medfølende og støttende tanker. Det indebærer også, at du engagerer dig i aktiviteter, der giver dig glæde, afslapning og en følelse af tilfredsstillelse. Det kan være aktiviteter som mindfulness eller meditation, hobbyer eller kreativ udfoldelse, ophold i naturen eller samvær med dem, man holder af.

Husk, at selvomsorg og selvmedfølelse er en løbende praksis, der kræver en konsekvent indsats og opmærksomhed. Det er vigtigt at prioritere disse praksisser i din hverdag og gøre dem til en ufravigelig del af din rutine. Ved at tage vare på dig selv og behandle dig selv med venlighed og medfølelse investerer du i dit eget velbefindende og opbygger den modstandskraft, der er nødvendig for at navigere i livets udfordringer med ynde og styrke.

10.6 At søge professionel hjælp til følelsesmæssige udfordringer

At søge professionel hjælp til følelsesmæssige udfordringer er et vigtigt skridt i opbygningen af modstandskraft og opretholdelse af følelsesmæssigt velbefindende. Selv om selvhjælpsstrategier og støtte fra ens nærmeste kan være gavnlige, er der tidspunkter, hvor professionel vejledning og ekspertise er nødvendig.

Terapeuter, rådgivere og psykologer er uddannede fagfolk, der kan give værdifuld indsigt, værktøjer og teknikker til at hjælpe enkeltpersoner med at navigere i deres følelsesmæssige udfordringer. De kan tilbyde et sikkert og ikke-dømmende rum, hvor den enkelte kan udforske sine tanker, følelser og oplevelser.

En af fordelene ved at søge professionel hjælp er muligheden for at få en dybere forståelse af sig selv. En uddannet professionel kan hjælpe folk med at identificere mønstre, udløsere og underliggende problemer, der kan bidrage til deres følelsesmæssige udfordringer. Gennem terapi eller rådgivningssessioner kan man få indsigt i sine følelser, adfærd og tankeprocesser, hvilket kan føre til personlig vækst og positiv forandring.

Professionel hjælp kan også give den enkelte praktiske strategier og coping-mekanismer til at håndtere sine følelsesmæssige udfordringer. Terapeuter og rådgivere er udstyret med en bred vifte af terapeutiske teknikker og interventioner, der kan skræddersys til at opfylde den enkeltes specifikke behov. Disse strategier kan omfatte kognitiv adfærdsterapi, mindfulness-baserede tilgange, afslapningsteknikker og meget mere.

Ud over individuel terapi kan gruppeterapi eller støttegrupper også være gavnlige for personer, der står over for følelsesmæssige udfordringer. Disse rammer giver et støttende fællesskab, hvor man kan dele sine erfaringer, lære af andre og få en følelse af at høre til. Gruppeterapi kan give et unikt perspektiv og bekræftelse, fordi man indser, at man ikke er alene om sine problemer.

Det er vigtigt at huske, at det at søge professionel hjælp ikke er et tegn på svaghed, men snarere et modigt skridt i retning af selvforbedring og følelsesmæssigt velbefindende. Ligesom vi søger lægehjælp for fysiske lidelser, er det lige så vigtigt at søge professionel hjælp for følelsesmæssige udfordringer. Det er en proaktiv tilgang til at tage vare på vores mentale sundhed og sikre en bedre livskvalitet.

Hvis du overvejer at søge professionel hjælp, er det vigtigt at finde en terapeut eller rådgiver, der passer godt til dig. Tag dig tid til at undersøge og bede om anbefalinger fra pålidelige kilder. Det er også vigtigt, at du føler dig godt tilpas og tryg ved din terapeut eller rådgiver, da det terapeutiske forhold spiller en afgørende rolle for behandlingens effektivitet.

Husk, at det at søge professionel hjælp er et positivt og styrkende valg. Det er et skridt i retning af at opbygge modstandskraft, forbedre det følelsesmæssige velbefindende og leve et mere tilfredsstillende liv. Tøv ikke med at række ud og søge den støtte, du har brug for.

Kapitel 11 Opretholdelse af positiv forandring

I dette sidste kapitel udforsker vi det afgørende aspekt af at fastholde positive forandringer. Selv om det uden tvivl er vigtigt at gøre fremskridt og opnå personlig vækst, er det lige så vigtigt at fastholde disse ændringer i det lange løb. Vi dykker ned i de strategier og teknikker, der kan hjælpe dig med at fastholde de fremskridt, du har gjort, og forhindre tilbagefald til gamle mønstre med overtænkning. Ved at skabe et støttende miljø, opstille realistiske forventninger og fejre milepæle kan du sikre, at de positive forandringer, du har arbejdet så hårdt for at opnå, bliver en permanent del af dit liv. Vær med, når vi udforsker nøglerne til at opretholde positive forandringer og omfavne et afbalanceret og opmærksomt liv.

11.1 Fastholdelse af fremskridt og forebyggelse af tilbagefald

Når du har foretaget positive ændringer i dit liv og overvundet udfordringerne ved at tænke for meget, er det vigtigt at fokusere på at fastholde dine fremskridt og forebygge tilbagefald. At fastholde positive forandringer kræver en vedvarende indsats og engagement, men med de rigtige strategier kan du fortsætte med at trives og leve et afbalanceret og opmærksomt liv.

Et vigtigt aspekt af at fastholde fremskridt er at være opmærksom på dine tanker og følelser. Vær opmærksom på tegn på overtænkning eller negative tankemønstre, der sniger sig tilbage i dit sind. Ved at genkende disse tidlige advarselstegn kan du tage proaktive skridt til at håndtere dem, før de eskalerer.

Regelmæssig selvrefleksion og dagbogsskrivning kan være en hjælp i denne proces. Brug lidt tid hver dag på at reflektere over dine tanker, følelser og adfærd. Skriv eventuelle mønstre eller udløsere ned, som du bemærker, samt eventuelle strategier eller teknikker, der tidligere har været effektive til at håndtere overtænkning. Denne selvbevidsthed vil gøre dig i stand til at foretage justeringer og korrigere kursen efter behov.

Et andet vigtigt aspekt af at fastholde fremskridt er at fortsætte med at praktisere de teknikker og strategier, der har virket for dig. Uanset om det er mindfulness-øvelser, kognitive adfærdsteknikker eller afslapningsteknikker, så gør dem til en fast del af din rutine. Konsistens er nøglen til at forstærke positive vaner og forebygge tilbagefald.

Det er også vigtigt at skabe et støttende miljø, som opmuntrer og forstærker dine positive forandringer. Omgiv dig med mennesker, der forstår og støtter din rejse mod at overvinde overtænkning. Del dine mål og fremskridt med dem, og bed om deres støtte og opmuntring. At have et stærkt støttesystem kan gøre en betydelig forskel i forhold til at fastholde dine fremskridt og forebygge tilbagefald.

Ud over ekstern støtte er det vigtigt at dyrke selvmedfølelse og selvomsorg. Vær god ved dig selv, og anerkend, at tilbageslag og tilbagefald er en normal del af forandringsprocessen. I stedet for at bebrejde dig selv et tilbagefald, så brug det som en mulighed for at lære og vokse. Udøv selvmedfølelse ved at behandle dig selv med venlighed, forståelse og tilgivelse.

At sætte realistiske forventninger til forandring er også afgørende for at fastholde fremskridt. Forstå, at forandring tager tid og kræfter, og at det ikke altid er en lineær proces. Der kan være op- og nedture undervejs, men så længe du forbliver engageret og fokuseret på dine mål, kan du fortsætte med at gøre fremskridt.

Endelig skal du fejre dine milepæle og succeser undervejs. Anerkend og vær opmærksom på de fremskridt, du har gjort, uanset hvor små de er. At fejre dine resultater vil ikke kun øge din motivation og selvtillid, men også forstærke de positive ændringer, du har foretaget.

Husk, at det er en løbende proces at fastholde fremskridt og forebygge tilbagefald. Vær opmærksom, øv dig i selvbevidsthed, og fortsæt med at implementere de strategier og teknikker, der har virket for dig. Med engagement og udholdenhed kan du fastholde positive forandringer og leve et tilfredsstillende og opmærksomt liv uden overtænkningens greb.

11.2 At skabe et støttende miljø

At skabe et støttende miljø er afgørende for at fastholde positive forandringer i dit liv. Når du omgiver dig med mennesker, der opløfter og opmuntrer dig, bliver det lettere at forblive motiveret og fokuseret på dine mål. Et støttende miljø giver den nødvendige følelsesmæssige og praktiske støtte, som kan hjælpe dig med at overvinde udfordringer og tilbageslag.

En måde at skabe et støttende miljø på er ved at omgive sig med ligesindede, der har de samme mål og ambitioner. Disse personer kan give værdifuld indsigt, råd og opmuntring, når du navigerer på din rejse mod positiv forandring. Søg efter fællesskaber, grupper eller organisationer, der stemmer overens med dine interesser og værdier, og engager dig aktivt i dem for at opbygge et netværk af støtte.

Ud over at finde støttende personer er det vigtigt at sætte klare grænser og kommunikere dine behov til dem omkring dig. Fortæl dine venner, familie og kolleger om dine mål og de ændringer, du er i gang med at foretage i dit liv. Ved at sætte grænser og udtrykke dine behov kan du sikre, at andre respekterer dine valg og giver dig den støtte, du har brug for.

Det er også vigtigt at skabe et fysisk miljø, der understøtter dine mål. Ryd op i din bolig og på din arbejdsplads for at skabe en følelse af ro og orden. Omgiv dig med ting, der inspirerer og motiverer dig, f.eks. citater, kunstværker eller genstande, der repræsenterer dine ambitioner. Et rent og organiseret miljø kan hjælpe med at reducere distraktioner og skabe et rum, der fremmer produktivitet og positiv energi.

Ud over det fysiske miljø skal du også overveje det digitale miljø. Evaluer din online tilstedeværelse og det indhold, du bruger regelmæssigt. Afmeld eller slå lyden fra konti, der ikke stemmer overens med dine mål eller værdier, og følg i stedet konti, der inspirerer og motiverer dig. Sammensæt dine feeds på de sociale medier for at skabe et positivt og opløftende digitalt miljø, der understøtter din rejse mod positiv forandring.

Til sidst skal du huske at være venlig og støttende over for dig selv. Øv dig i selvmedfølelse og selvomsorg, mens du navigerer i op- og nedturene ved at fastholde positive forandringer. Fejr dine fremskridt og milepæle, uanset hvor små de måtte virke. Omgiv dig med positive bekræftelser og påmindelser om dine evner og styrker. Ved at skabe et støttende miljø inden i dig selv kan du opdyrke den modstandskraft og selvtillid, der er nødvendig for at fastholde positive forandringer i det lange løb.

Konklusionen er, at det er vigtigt at skabe et støttende miljø for at fastholde positive forandringer. Omgiv dig med ligesindede, sæt klare grænser, og kommuniker dine behov. Skab et fysisk og digitalt miljø, der understøtter dine mål og ambitioner. Endelig skal du udvise selvmedfølelse og selvomsorg, når du navigerer på din rejse mod positiv forandring. Med et støttende miljø kan du overvinde udfordringer, forblive motiveret og fortsætte med at vokse og trives.

11.3 Sæt realistiske forventninger til forandring

Når man begiver sig ud på en rejse med positive forandringer, er det vigtigt at sætte realistiske forventninger til sig selv. Forandring tager tid og kræfter, og det er vigtigt at forstå, at fremskridt måske ikke sker fra den ene dag til den anden. Ved at opstille realistiske forventninger kan du undgå følelser af frustration og skuffelse og i stedet fokusere på de små skridt og resultater undervejs.

Et vigtigt aspekt af at sætte realistiske forventninger er at være opmærksom på sine begrænsninger og nuværende omstændigheder. Det er vigtigt at vurdere dine ressourcer, din tid og dit energiniveau på en realistisk måde. Overvej de andre forpligtelser og ansvarsområder i dit liv, og hvordan de kan påvirke din evne til at foretage ændringer. Ved at anerkende disse faktorer kan du sætte mål og forventninger, som er opnåelige inden for din nuværende situation.

Et andet vigtigt aspekt ved at sætte realistiske forventninger er at opdele dine mål i mindre, håndterbare trin. I stedet for at sigte mod en fuldstændig forvandling fra den ene dag til den anden skal du fokusere på at gøre gradvise fremskridt. Det giver dig mulighed for at fejre små sejre undervejs og bevare motivationen. Ved at sætte mindre mål kan du også vurdere dine fremskridt mere effektivt og foretage justeringer, hvis det er nødvendigt.

Det er også vigtigt at huske, at tilbageslag og forhindringer er en naturlig del af forandringsprocessen. Det er urealistisk at forvente en gnidningsfri rejse uden udfordringer. I stedet for at betragte tilbageslag som fiaskoer, skal du se dem som muligheder for vækst og læring. Ved at omfavne de uundgåelige op- og nedture kan du udvikle modstandsdygtighed og udholdenhed, som er afgørende for at fastholde positive forandringer.

Derudover er det vigtigt at være tålmodig med sig selv. Forandring tager tid, og det er normalt at opleve tilbageslag eller langsommere fremskridt til tider. Undgå at sammenligne din rejse med andres, og fokuser på dine egne fremskridt. Husk, at alles vej er unik, og det, der betyder mest, er dit engagement i personlig vækst og forbedring.

Endelig er det vigtigt at fejre milepæle og succeser undervejs. Anerkend og beløn dig selv for de fremskridt, du har gjort, uanset hvor små de er. Det er med til at forstærke positiv adfærd og motivere dig til at fortsætte på din forandringsrejse. Ved at anerkende og fejre dine resultater kan du bevare et positivt mindset og forblive motiveret.

Konklusionen er, at det er vigtigt at opstille realistiske forventninger til forandringer for at fastholde positive fremskridt. Ved at være opmærksom på dine begrænsninger, opdele mål i mindre skridt, acceptere tilbageslag, være tålmodig med dig selv og fejre milepæle kan du skabe en støttende og realistisk ramme for din forandringsrejse. Husk, at forandring er en proces, og ved at opstille realistiske forventninger kan du navigere i udfordringerne og bevare motivationen undervejs.

11.4 Fejring af milepæle og succeser

På rejsen mod en vedvarende positiv forandring er det vigtigt at anerkende og fejre milepælene og succeserne undervejs. At fejre disse resultater øger ikke kun vores motivation og selvtillid, men styrker også de fremskridt, vi har gjort. Det tjener som en påmindelse om vores evner og den positive indvirkning, vores indsats har haft på vores liv.

Når vi begiver os ud på en forandringssti, er det let at blive fanget af det endelige mål og overse de mindre sejre, der opstår undervejs. Men hvert eneste skridt fremad, uanset hvor lille det er, er værd at anerkende og fejre. Uanset om det drejer sig om at gennemføre en opgave, der virkede uoverskuelig, overvinde en frygt eller træffe et positivt valg, bringer hver milepæl os tættere på vores endelige mål.

At fejre milepæle og succeser kan tage mange former. Det kan være så enkelt som at give os selv et klap på skulderen, anerkende vores fremskridt og tage et øjeblik til at sætte pris på, hvor langt vi er kommet. Det kan også være at dele vores resultater med andre, hvad enten det er venner, familie eller en støttegruppe, som kan opmuntre os og fejre dem sammen med os.

En måde at fejre milepæle på er ved at belønne os selv. Det kan gøres ved at forkæle os selv med noget, vi nyder, f.eks. et yndlingsmåltid, en afslappende dag i spaen eller en hobby eller aktivitet, vi elsker. Ved at belønne os selv forstærker vi den positive adfærd og skaber en positiv forbindelse til de fremskridt, vi har gjort.

En anden måde at fejre milepæle på er ved at reflektere over rejsen og udtrykke taknemmelighed. At tage sig tid til at skrive dagbog eller meditere over de fremskridt, vi har gjort, kan hjælpe os med at få perspektiv og sætte pris på den indsats og det engagement, vi har lagt i at skabe positive forandringer. Det giver os mulighed for at anerkende de udfordringer, vi har overvundet, og de lektioner, vi har lært undervejs.

At fejre milepæle og succeser styrker ikke kun vores moral, men fungerer også som en påmindelse om vores modstandskraft og evne til at skabe positive forandringer. Det er vigtigt at huske, at forandring er en proces, og at hvert skridt fremad er værd at anerkende. Ved at fejre vores resultater skaber vi et positivt mindset og styrker troen på, at vi er i stand til at opretholde positive forandringer i vores liv.

Så når du fortsætter på din rejse med at fastholde positive forandringer, så tag dig tid til at fejre dine milepæle og succeser. Anerkend de fremskridt, du har gjort, beløn dig selv for din indsats, og udtryk taknemmelighed for det, du har lært. På den måde vil du ikke kun forblive motiveret, men også opbygge en følelse af stolthed og tillid til din evne til at skabe varige forandringer.

11.5 Fortsat personlig vækst og udvikling

Fortsat personlig vækst og udvikling er afgørende for at opretholde positive forandringer i dit liv. Det er en livslang rejse, som indebærer, at man hele tiden lærer, udvikler sig og udvider sin viden, sine færdigheder og sine perspektiver. Ved at forpligte dig til løbende personlig vækst kan du fortsætte med at forbedre dig selv, nå nye mål og leve et mere tilfredsstillende og meningsfuldt liv.

En måde at fortsætte den personlige vækst og udvikling på er ved at sætte nye mål for dig selv. Disse mål kan være relateret til forskellige aspekter af dit liv, f.eks. karriere, forhold, sundhed eller personlige interesser. Ved at sætte specifikke, målbare, opnåelige, relevante og tidsbegrænsede (SMART) mål kan du skabe en køreplan for din personlige vækstrejse. Regelmæssig gennemgang og opdatering af dine mål vil hjælpe dig med at holde fokus og motivation.

Et andet vigtigt aspekt af fortsat personlig vækst er at søge nye læringsmuligheder. Det kan dreje sig om formel uddannelse, f.eks. ved at tage kurser eller en uddannelse, eller om uformel læring ved at læse bøger, deltage i workshops eller onlinekurser. Ved at udvide din viden og dine færdigheder kan du forbedre din personlige og professionelle udvikling og åbne op for nye muligheder for vækst.

Ud over at tilegne sig ny viden og nye færdigheder er det vigtigt at reflektere over sine erfaringer og lære af dem. Refleksiv praksis indebærer, at man tager sig tid til at tænke kritisk over sine handlinger, beslutninger og erfaringer og identificerer områder, der kan forbedres. Ved regelmæssigt at reflektere over dine erfaringer kan du få værdifuld indsigt, lære af dine fejl og træffe mere informerede valg i fremtiden.

Fortsat personlig vækst indebærer også, at man søger feedback fra andre. Feedback kan give værdifuld indsigt i dine styrker og områder, hvor du kan forbedre dig. Den kan komme fra mentorer, coaches, kolleger eller venner og familie. Ved aktivt at søge feedback og være åben for konstruktiv kritik kan du få en bedre forståelse af dig selv og foretage de nødvendige justeringer for at fortsætte med at vokse og udvikle dig.

Desuden kan det i høj grad bidrage til din personlige vækst og udvikling at omgive dig med et støttende netværk af ligesindede. Ved at komme i kontakt med andre, der deler samme mål og værdier, kan I udveksle ideer, give støtte og holde hinanden ansvarlige. Hvis du melder dig ind i professionelle eller interessebaserede fællesskaber, deltager i netværksarrangementer eller deltager i gruppeaktiviteter, kan du opbygge et stærkt støttesystem, der fremmer personlig vækst.

Endelig er egenomsorg en vigtig del af fortsat personlig vækst og udvikling. At tage sig af sit fysiske, mentale og følelsesmæssige velbefindende er afgørende for at bevare den energi, motivation og modstandskraft, der er nødvendig for at opretholde positive forandringer. Det kan indebære at praktisere egenomsorgsaktiviteter som f.eks. motion, meditation, at skrive dagbog eller at dyrke hobbyer, der giver dig glæde og afslapning. Når du prioriterer egenomsorg, kan du lade op og forynge dig, så du kan fortsætte din personlige vækstrejse med fornyet styrke.

Konklusionen er, at fortsat personlig vækst og udvikling er en livslang proces, der kræver engagement, selvrefleksion og en vilje til at lære og tilpasse sig. Ved at sætte nye mål, søge nye læringsmuligheder, reflektere over erfaringer, søge feedback, opbygge et støttende netværk og praktisere egenomsorg kan du fortsætte med at vokse og udvikle dig som individ. Personlig vækst øger ikke kun dit eget velbefindende, men giver dig også mulighed for at have en positiv indflydelse på verden omkring dig. Så omfavn rejsen med personlig vækst, og nyd den transformerende kraft, den bringer til dit liv.

11.6 At omfavne et afbalanceret og opmærksomt liv

For at fastholde positive forandringer og bevare en sund tankegang er det afgørende at leve et afbalanceret og opmærksomt liv. Det betyder, at vi skal finde en harmonisk balance mellem forskellige aspekter af vores liv, f.eks. arbejde, relationer, egenomsorg og personlig vækst. Ved at dyrke mindfulness og være til stede i hvert øjeblik kan vi skabe et liv, der er tilfredsstillende og meningsfuldt.

Et vigtigt aspekt af at leve et afbalanceret og opmærksomt liv er at prioritere egenomsorg. Det indebærer, at vi tager os af vores fysiske, mentale og følelsesmæssige velbefindende. Det betyder, at vi sætter tid af til aktiviteter, der giver os glæde og afslapning, som f.eks. at dyrke en hobby, reflektere over os selv eller bare gå en tur i naturen. Ved at pleje os selv kan vi lade op og få ny energi, så vi bedre kan håndtere de udfordringer, der kommer i vores vej.

Et andet vigtigt element i et afbalanceret og opmærksomt liv er at opretholde sunde relationer. At omgive sig med positive og støttende personer kan i høj grad bidrage til vores generelle velbefindende. Det er vigtigt at investere tid og kræfter i at opbygge og pleje disse relationer, da de giver os en følelse af at høre til, forståelse og opmuntring. Ved at fremme sunde forbindelser skaber vi et støttesystem, der hjælper os med at navigere gennem livets op- og nedture.

Et afbalanceret og opmærksomt liv indebærer desuden, at vi sætter grænser og forvalter vores tid effektivt. Det er afgørende at prioritere vores forpligtelser og ansvar og sikre, at vi afsætter tid til både arbejde og fritid. Ved at sætte grænser beskytter vi vores mentale og følelsesmæssige velbefindende og forhindrer udbrændthed og overvældelse. Derudover giver styring af vores tid os mulighed for at få mest muligt ud af hver dag og sikre, at vi har rigelig tid til egenomsorg, personlig vækst og meningsfulde aktiviteter.

For virkelig at kunne leve et afbalanceret og opmærksomt liv er det vigtigt at dyrke taknemmeligheden og værdsættelsen af nuet. Ofte bliver vi fanget i livets travlhed og undlader at anerkende den skønhed og de velsignelser, der omgiver os. Ved at praktisere taknemmelighed flytter vi vores fokus mod de positive aspekter af vores liv, hvilket fremmer en følelse af tilfredshed og tilfredsstillelse. Denne tankegang giver os mulighed for at opleve og nyde hvert øjeblik fuldt ud, hvilket forbedrer vores generelle velbefindende.

Endelig indebærer et afbalanceret og opmærksomt liv, at man accepterer ufuldkommenheder og omfavner rejsen mod personlig vækst. Det er vigtigt at give slip på behovet for perfektion og i stedet fokusere på fremskridt og selvforbedring. Ved at acceptere, at fejl og tilbageslag er en naturlig del af livet, kan vi nærme os udfordringer med modstandskraft og et vækstmindset. Det giver os mulighed for at lære af vores erfaringer og hele tiden udvikle os til den bedste version af os selv.

Konklusionen er, at et afbalanceret og opmærksomt liv er afgørende for at opretholde positive forandringer. Ved at prioritere egenomsorg, pleje sunde relationer, sætte grænser, praktisere taknemmelighed og omfavne ufuldkommenheder kan vi skabe et liv, der er tilfredsstillende, meningsfuldt og modstandsdygtigt. Det er gennem denne bevidste og opmærksomme tilgang, at vi kan navigere gennem livets udfordringer med ynde og dyrke en følelse af indre fred og velvære.

Milton Keynes UK
Ingram Content Group UK Ltd.
UKHW030904141024
449705UK00012B/570